Epee Edition
1. Auflage Juli 2017



Verlag: Epee Edition e.K., Kehl a.Rh.
Einband- und Innengestaltung: Nicolas Emmert
Korrektorat: Christian Winkelmann

ISBN 978-3-943288-71-1



**www.epee-edition.com**

# Die Facetten der französischen Fremdenlegion

Vergangene und heutige Erlebnisse
eines ehemaligen Legionärs

Alexander Stelzl

## Widmung

Mein Buch möchte ich dem wunderbaren Land Algerien widmen, das mit seiner Größe, den Bergen, der vielfältigen Landschaft und dem größten Teil, der Wüste mit den überwältigenden Sanddünen, unvergesslich bleibt. Ich wäre gerne geblieben, aber das war leider nicht möglich.

Das Buch widme ich ebenso meinen Kameraden, die nicht so viel Glück hatten wie ich und auf tragische Weise ums Leben gekommen sind.

Auch möchte ich dieses Werk meiner Frau Sigrid widmen. Sie ist seit über 50 Jahren für mich da und ist mit mir durch dick und dünn gegangen.

# Inhalt

## Vorwort

Dieser Bericht über meine Zugehörigkeit zur Fremdenlegion entspricht den Tatsachen, wie sie von mir erlebt wurden.

Es sind Ausschnitte und Erlebnisse, die in ihrer Vielzahl und Unterschiedlichkeit zusammen mit meinen Bildern, so hoffe ich, einen facettenreichen Einblick geben können. Ich wollte nicht langatmig und ausschließlich über meine Dienstzeit schreiben, sondern auch die Jahre nach meiner Dienstzeit etwas beleuchten, denn als Ex-Legionär, Caporal, Sergent bin ich bis heute noch mit der Legion in Verbindung.

An dieser Stelle möchte ich auch um Verständnis bitten, dass ich mit Rücksicht auf beteiligte lebende oder verstorbene Personen auf manches Detail, vor allem namentliche Nennung, verzichte.

*

Mein Name ist Alexander Stelzl und ich bin 1938 in Oberbayern geboren. Meinen Namen habe ich bei Eintritt in die Legion nicht geändert, obwohl das möglich gewesen wäre; es gab für mich keinen triftigen Grund für eine Änderung des Namens.

Die Legion war für mich ein ungemein hartes, aber mir gegenüber korrektes und sehr lehrreiches Erlebnis, das mich für mein späteres Leben positiv geprägt hat.

Man hat viel Vertrauen in mich gesetzt, das ich nie enttäuscht habe.

Für meine Verdienste bekam ich die Medaille für sechs Monate Anwesenheit in Algerien, die Medaille für freiwilliges Engagement, das *Croix de la Valeur Militaire* (Auszeichnung von Tapferkeit), das *Croix du Combattant* (Auszeichnungskreuz der Kämpfer) und auch das *Croix du Combattant Volontaire* (Auszeichnungskreuz der freiwilligen Kämpfer).[1]

Unser Verein der ehemaligen Legionäre in München, die URAC-ALE[2], wird von Frankreich betreut, und wenn Legionäre das möchten, werden sie bis an ihr Lebensende von der französischen Fremdenlegion begleitet - niemand wird vergessen. Wo gibt es das sonst.

Im Jahre 2009 verlieh mir der französische Staatspräsident Nicolas Sarkozy die *Médaille Militaire*, die mir 2010 ein Divisionsgeneral aus Frankreich bei einer Camerone-Feier in der Sanitätsakademie der Bundeswehr in München in Anwesenheit des französischen Generalkonsuls überreichte.

*

5 Jahre heimatlos?

Nein, denn die Legion war eine große Familie und ich persönlich habe mich in Algerien sehr wohlgefühlt und wollte für immer dort bleiben, aber Charles de Gaulle, der damalige Staatspräsident von Frankreich, hat mir einen Strich durch meine Rechnung und meine Wünsche gemacht.

Die zweite Heimat wäre Straßburg gewesen, denn meine damalige Freundin schrieb mir den einzigen Satz, den sie auf Deutsch konnte

1 Im Algerienkrieg (1954-1962) waren etwa zwei Millionen französische Soldaten in Algerien eingesetzt. Von ihnen wurden 24.614 Soldaten getötet und 64.985 verwundet. Die Truppenstärke der Fremdenlegion betrug nahezu konstant 21.000 Legionären, ca. 40% von ihnen stammten aus dem deutschen Sprachraum. Frankreich erkannte erst am 18. Oktober 1999 diesen Krieg als solchen an.

2 URAC: Union des Réservistes et Anciens Combattants français résidant en Bavière / Union der französischen Reservisten und Kriegsteilnehmer in Bayern.
URAC-ALE: Section des Anciens de la Légion Étrangère de l' U.R.A.C. / Sektion der ehemaligen Fremdenlegionäre

und der aus dem Liedtext von Freddy Quinn stammte: „Junge, komm bald wieder nach Haus."

Auch das war mir nicht vergönnt, dadurch kam ich wieder in meine ursprüngliche Heimat zurück.

Erst als ich meine jetzige Frau geheiratet habe, hat sich alles geändert und ich fühle mich sehr wohl.

***

# Meine Zeit in der Fremdenlegion

1959–1964

## Eintritt in die Fremdenlegion

Am 9. Dezember 1959 fuhr ich mit meinem Freund Helmut, mit dem ich schon von 1952 bis 1955 im Bergwerk im Ruhrgebiet als Berglehrling gewesen bin, von unserem Heimatort nach München, von da aus nach Kehl am Rhein.

Dort angekommen gingen wir in die Bahnhofsgaststätte und blieben wegen der schönen und jungen Zwillingsschwestern, die uns bedienten, mit reichlich Bier abgefüllt bis Mitternacht.

Anschließend machten wir uns auf den Weg zur Europabrücke. Als wir ankamen, sahen wir einen Posten in Uniform und dachten, dass jetzt alles zu Ende sei, denn wir hatten beide keinen gültigen Ausweis und dann noch unseren Wehrpass, den wir aber nicht herzeigen durften, denn unsere Einberufung bei der Bundeswehr hätte im März 1960 sein sollen. Erst viel später erfuhren wir, dass wir beide keine Einberufung erhalten haben.

Wir fingen in unserem Wackelgang an, laut zu singen – es war mehr ein Gegröle.

Wir setzten auf alles oder nichts, gingen direkt mit etwa einem Meter Abstand an dem Posten vorbei und welch ein Wunder, er ließ uns ohne ein Wort zu sagen in Richtung Frankreich passieren.

Am Grenzkontrollpunkt in Frankreich meldeten wir uns beim Zoll und der Polizei und fragten nach dem Weg zur Fremdenlegion.

Man sagte uns, wir sollten uns an einen Schreibtisch setzen und abwarten, bis wir abgeholt werden. Da wir beide sehr müde waren, sind wir an dem Schreibtisch immer wieder eingeschlafen.

Der Schreibtisch stand direkt vor einem Fenster, mit einem Schiebefenster, an dem ab etwa sechs Uhr morgens die Grenzgänger vorbeigingen, um ihre Pässe zur Kontrolle vorzulegen. Wenn der Zöllner oder Polizist nicht da war, habe ich in meinem nicht gerade einwandfreien Zustand die Leute einfach durchgewinkt.

Um 8 Uhr kam dann ein Legionär, der uns mit einem Citroën 2 CV, also mit einer Ente, in die Legionskaserne gefahren hat, wo wir sofort in eine alte Uniform gesteckt und anschließend eingeteilt wurden, unter Aufsicht eines Legionärs Benzinfässer abladen mussten.

Das Mittagessen in der Kaserne war sehr gut, allerdings war ich den Knoblauch nicht gewohnt. Am Nachmittag hatten wir Zeit, uns ein wenig zu erholen, und am nächsten Tag mussten wir zum Verhör ins Sicherheitsbüro.

Mein Freund Helmut war als Erster dran und kam nach einigen Minuten mit einem Fußtritt wieder heraus, der Unteroffizier vom Sicherheitsbüro sagte zu ihm, er solle etwas nachdenken oder er könne gleich wieder gehen. Warum er mit einem Fußtritt aus dem Büro befördert worden ist, habe ich nie erfahren.

Als ich in das Sicherheitsbüro kam, wurde ich vor allem über die DDR befragt, denn man wusste, dass ich in den Jahren 1951 und 1958 dort gewesen war. Man fragte mich auch, ob ich straffällig geworden sei und ob ich eine eventuelle Strafe auch abgeleistet hätte. Nachdem meine Befragung beendet war, wurde mein Freund noch einmal ins Sicherheitsbüro gerufen, wobei dieses Mal alles gut ging.

Zwei Tage später mussten wir unsere Verträge für fünf Jahre unterschreiben, für die Zeit in Straßburg haben wir nach einigen Tagen auch Geld bekommen, damit konnten wir Zigaretten und Bier kaufen. Nach diesen Tagen wurden etwa 60 Rekruten und einige Legionäre sowie einige Unteroffiziere mit mehreren LKWs zum Bahnhof nach Straßburg gefahren und in Richtung Marseille geschickt.

*

Nach der Ankunft in Marseille wurden wir ins Fort Saint-Nicholas gebracht, das direkt am alten Hafen war, und man hatte eine sehr schöne Übersicht über den Hafen und einen Teil von Marseille.

Die Freude war jedoch nur von kurzer Dauer, denn es hieß Antreten zum Glatze-Schneiden. Nach dieser Prozedur bekamen wir wieder andere Uniformen, einen Mantel und ein grün-rotes Schiffchen auf den Kopf. Da ich das Glück hatte, eine fast neuwertige Uniform zu bekommen, kam ein Militärfotograf auf mich zu und hat mich ganz einfach fotografiert. Später fand ich diese Fotos in der Legionszeitung KEPI BLANC wieder und auf einem Plakat für die Werbung der Legion.

***

## Überfahrt nach Oran

Nach ein paar Tagen brachte man uns auf einen Frachter, zusammen mit etwa 200 Mann, fast alles reguläre Truppen, die ihren Wehrdienst in Algerien ableisten mussten - das waren immerhin 28 Monate mit geringstem Sold.

Mir war schon im Hafen komisch im Magen, als wir noch an Deck waren. Kurz nach dem Auslaufen fing es dann so richtig an.

Wenn einer sich vorne am Bug des Schiffes übergeben hat, haben im hinteren Teil des Schiffes durch den Fahrtwind alle etwas abbekommen.

Der Befehl kam sehr schnell: Alle Mann unter Deck in den Laderaum! Dort waren Klappsessel, auf die man sich setzen konnte. Es kam ein fürchterlicher Sturm auf, der für diese Jahreszeit im Dezember fast normal war. Die alten Hasen sagten uns, wir sollten nichts essen wegen der Seekrankheit, später wussten wir, warum sie das gesagt hatten, denn sie haben unsere Rationen mitgegessen, es gab Grillhähnchen und auch sonst noch sehr gute Sachen. Die vielen Soldaten im Laderaum des Schiffes kotzten sich die Seele und die Galle aus dem Leib und die Matrosen kamen immer wieder mit dicken Wasserschläuchen und spritzten den Fußboden ab. Es herrschte ein fürchterlicher Gestank und ich war so fertig, dass, wenn ich eine Waffe besessen hätte, ich diese sicherlich auch benutzt hätte.

Aber auch dieser bittere Kelch ging an uns allen vorüber und nach 43 Stunden waren wir in einem grauenvollen Zustand in Oran angekommen, auf dem sogenannten Schwarzen Erdteil, der mich schon als Kind fasziniert hat.

In der Kaserne angekommen wurden wir noch einmal gründlich gefilzt und man nahm mir die letzten paar zivilen Dinge ab, die mir noch geblieben waren. Anschließend gab es verschiedene Impfungen und Injektionen, wovon mir ein dickes Geschwulst unter der Achselhöhle deutlich in Erinnerung blieb.

***

## Neujahr 1960

Am 1. Januar 1960 mussten wir mit etwa zehn Mann in die Offiziersmesse in Oran, um dort nach der Silvesterfeier aufzuräumen.

In der Offiziersmesse angekommen traf uns beinahe der Schlag! Da ich in meinem Leben in sehr bescheidenen Verhältnissen gelebt hatte, war ich überwältigt von dem, was uns dort erwartete.

Unzählige übriggelassene Flaschen Wein, Cognac, ganze Platten vom kalten Buffet und unzählige Leckereien standen noch auf den Tischen. Das war für uns die Gelegenheit für eine Fressorgie, und alles, was wir nicht verputzen konnten, mussten wir in die Abfalltonnen werfen, das wiederum haben sich die Araber einverleibt.

***

## Dann wurde es ernst - der Eignungstest

Die Rekruten wurden aufgeteilt in die verschiedenen Nationalitäten - Italiener, Spanier, Deutsche, Belgier, Schweizer und alles, was sonst noch da war.

Am Ende blieb noch einer übrig und die Prüfer fragten ihn, wo er herkomme. Er antwortete, er sei Österreicher, daraufhin meinte einer der Prüfer, es gebe keine Extrawurst für Österreicher und er solle sich noch einmal zu den Deutschen begeben, wie im Jahre 1938 bei Hitler. Danach wurden für alle in der jeweiligen Sprache jede Menge Testbögen ausgeteilt, die nach ungefähr drei Stunden wieder abgegeben werden mussten.

Dieser Test wurde auch als Idioten-Test bezeichnet, die Bewertung der Testbögen ging von einem Punkt bis 20 Punkte, wer unter zehn Punkten lag, war durchgefallen und bekam später keine Prämie, die in drei Raten ausbezahlt wurde.

Die erste Rate wurde nach der Grundausbildung ausbezahlt, die zweite Rate folgte nach zweieinhalb Jahren Dienstzeit und die dritte Rate erhielt man kurz vor Beendigung des fünften und für viele Legionäre letzten Dienstjahres.

Wer 14 bis 17 Punkte erreichte, und das war schon sehr gut, der konnte mit einer weiteren Ausbildung zum Caporal und später zum Unteroffizier rechnen, sofern er sportlich und schießtechnisch fähig war und natürlich gut mit Soldaten zurechtkam. Es wurden auch noch andere Anforderungen gestellt, aber das dafür Notwendige hat man dann gelernt, wenn man auf der jeweiligen Schule war.

Ein Kandidat mit 19 erreichten Punkten war nicht in der körperlichen Verfassung, für den Kampfeinsatz ausgebildet zu werden, und ging nach der Grundausbildung einer Tätigkeit im Büro nach.

***

## Ausbildung im Marinecamp in Thierville

Am Tag, als wir ins Ausbildungslager abtransportiert wurden, habe ich mir im Foyer eine Dose Ravioli gekauft und kalt gegessen. Mir war daraufhin auf dem gepanzerten LKW so schlecht, dass mir alles egal war, ob man uns in dem unübersichtlichen Gelände überfallen würde oder nicht.

Gott sei Dank ist nichts passiert, denn während der Fahrt durch das bergige Gebiet war unsere Eskorte sehr wachsam und wir erreichten bis auf meine persönlichen Beschwerden wohlbehalten das ehemalige Marinecamp in Thierville. Diesen Namen gibt es heute nicht mehr auf der Landkarte von Algerien.

***

## Ankunft in Thierville

Wie schon erwähnt, war das Ziel unserer Fahrt ein Ausbildungscamp der Marine in Thierville. Von Oran aus waren es ungefähr 100 km Luftlinie, doch die Fahrt dauerte einige Stunden. Wir erreichten ohne große Probleme oder Zwischenfälle das Camp, das aus mehreren gemauerten Gebäuden bestand und direkt neben einem Flugplatz lag.

Die Inneneinrichtung war für die Marine gestaltet – das heißt, es waren Eisenschienen auf zwei Ebenen angebracht, in denen die Hängematten angebracht wurden. Doch diese Tortur des Schlafens hat man den Rekruten der Legion nicht angetan. Für uns gab es doppelstöckige Betten, Strohmatratzen, zwei Wolldecken, einen Leinenschlafsack und eine mit Stroh gefüllte Kopfrolle. Die Rekruten haben trotzdem Bekanntschaft mit den Eisenschienen gemacht – beim Antreten mussten manche unter den Schienen hindurch, und wenn sie nicht aufpassten, haben sie sich den Kopf angeschlagen.

***

## Beginn der Ausbildung

Am nächsten Tag waren die Vorgesetzten anwesend und die ganze Sektion, das waren 50 Mann, musste antreten. Die Corporäle hatten die Aufgabe, die Leute nach der Größe aufzustellen. Die Basis war der größte Mann vorne links, der Zweitgrößte rechts von ihm usw. Nach vier Mann begann die zweite Reihe in der gleichen Methode, bis ganz hinten die Zwerglein standen. Ich war mit 1,72 m in der dritten Reihe links außen. Diese Aufstellung musste bei jedem Antreten exakt eingehalten werden.

Nachdem unsere erste Aufstellung beendet war, kam der Sektions Chef, das war ein Adjutant, und teilte die Rekruten nach ihren Berufen ein. Als die Mineure (Bergbauleute) an der Reihe waren, meldeten sich ein Franzose und ich.

Der Sektions-Chef war aus dem Ruhrgebiet und schon 17 Jahre in der Legion. Ich wurde abkommandiert, damit ich die Bude vom Adjutanten aufräume und seine Sachen in Ordnung bringe. Wäsche waschen musste ich nicht, das hat seine Frau gemacht, die in der Nähe eine Farm besaß.

Sein Stellvertreter war ein sehr charmanter Chef, ein Österreicher. Sein Name war Mitterwallner. Dieser hat die Ausbildung der Rekruten als eine Belastung empfunden, er war ein sehr korrekter Mensch.

Nach meiner Grundausbildung war seine Mission beendet und er hat sich freiwillig zu einem Einsatzregiment gemeldet. Es war das vierte Regiment, in dem auch ich später gewesen bin. Es hat nicht lange gedauert, bis man in der Zeitschrift Képi Blanc lesen konnte, dass er bei einem Einsatz an der tunesischen Grenze gefallen war. Es war schade um ihn.

Als die Ausbildung begann, wurden die Rekruten zum Unterricht in der Nähe des Camps in kleine Gruppen aufgeteilt.

Die Ausbildung war sehr hart: Schießen, Sport, Waffenkunde, Geländekunde, gerade gehen lernen, auch den sehr langsamen Paradeschritt der Legion beherrschen, Griffe klopfen mit der Waffe und all die Bewegungen, die ein guter Soldat können muss, und alle Dienstgrade kennenlernen.

Die einfacheren Sachen unterrichteten die Caporäle. Die schwierigeren Fächer die Unteroffiziere. Eine Unterrichtsstunde dauerte 50 Minuten; die restlichen zehn Minuten waren dazu bestimmt, eine Zigarette zu rauchen, und für den Wechsel von einer Lerneinheit zur nächsten.

Es gab z.B. Waffenunterricht. Jeder Rekrut musste von jeder Waffe, jeder Patrone, jeder Mine und was es sonst noch an Waffen und Geräten gab, jedes Teil auswendig lernen – natürlich auf Französisch. Mich hat es einmal erwischt, ich konnte eine halbe Seite von Erklärungen nicht auswendig, deshalb musste ich diese halbe Seite bis zum nächsten Tag fünfzigmal schreiben. Das war eine kurze Nacht, aber ein Anreiz, beim nächsten Mal aufzupassen.

***

## Die ersten Strafen

Strafexerzieren war angesagt, wenn der ganze Sauhaufen nicht richtig im Gleichschritt marschierte. Dann ging es auf die nahegelegene Startbahn, die mit grobem Teer belegt war. Die 50 Rekruten robbten so lange auf dem Boden, bis die Schuhe vorne durchgerieben und die Knie samt Ellenbogen blutig waren. Auf diesem Flugplatz mussten die Rekruten den Stechschritt, der in der Legion überhaupt nicht vorkam, üben. Den Ausbildern machte es Spaß, wenn die genagelten Schuhe auf dem Teer so richtig krachten - das war für manche eine Erinnerung an den deutschen Militäralltag. Die Rekruten hatten anschließend immer starke Schmerzen an den Fersen vom festen Auftreten mit den Absätzen.

Bei Übungen mit dem Gewehrgriff hat es mich einmal erwischt, als ich den Prügel nicht richtig in der Hand hatte. Wie ein Wirbelwind kam sofort der kleine Sergent Prekop mit Anlauf auf mich zu und ist mir mit beiden Beinen auf die Brust gesprungen, so dass ich mehrere Purzelbäume nach hinten schlug. Dieser Sergent war ein altgedienter Legionär, der in Indochina einen Schuss abbekommen hatte und dem ein Teil seiner Lunge herausgenommen wurde. Trotzdem hat dieser Mann beim Frühsport und überhaupt bei jedem Lauf alle Rekruten halb tot gelaufen. Er war zudem noch ein starker Raucher und er hat auch zur rechten Zeit gesoffen. Er war das Beispiel, dass man trotz allem auch noch fit sein konnte. Ich nahm diesen Vorfall als Ansporn für meine weiteren Leistungen.

Weitere Strafen waren die Latrinen und Duschen zu reinigen. Erstere waren wie üblich in Frankreich: Im Boden war ein Loch, links und rechts eine Standfläche für die Füße, auf die man sich stellte. Man musste aufpassen, dass man sich nicht die Beine vollgeschissen hat. Da es keine gute Wasserspülung gab, mussten immer diejenigen, die per Strafe eingeteilt waren, am Morgen nach dem Hauptbetrieb die Latrinen mit einem Wasserschlauch reinigen. Bei fünf Latrinen für insgesamt 50 Mann war schon eine Menge zu tun.

Es gab dann noch Strafen für diejenigen, die einen Knopf der Uniform nicht geschlossen oder gar abgerissen hatten. Hier kam es schon vor, dass ein Sergent weitere Knöpfe abriss und der Betroffene sich am nächsten Morgen mit frisch angenähten Knöpfen präsentieren musste. Manche Unteroffiziere forderten sogar, dass ein Rekrut, der auffällig geworden war, den ganzen Hintern der Hose mit Knöpfen vollgenäht haben musste.

***

## Die ersten Schüsse fallen auf dem Papier

Dann kam der Schießunterricht. Das Erste, was gemacht wurde: Man hat festgestellt, mit welchem Auge man schießen musste. Anschließend wurden die Gewehre, es waren MAS 36 Karabiner vom Kaliber 7,5 mm, auf einen dreibeinigen Ständer montiert und es folgten Zielübungen auf eine Papierscheibe. In 100 m Entfernung stand ein Kollege, der mit einem Bleistift und einer Kelle, die der Zielende dirigierte, immer ein Kreuz auf dem Papier machte, wenn der Zielende angab, dass er exakt jetzt schießen würde. Diese Prozedur wurde drei- bis fünfmal wiederholt, dann konnte man anhand der Kreuzchen feststellen, was für ein Trefferbild man hatte.

Zwischendurch machte man Sportübungen, z.B. auf dem Parcours de combattants. Hier waren etwa 32 Hindernisse übelster Art aufgereiht. Es wurden 15-Kilometer-Läufe mit vollem Gepäck, Stahlhelm, Wasserflaschen, Spaten und Waffen gemacht. Alles in allem 45 kg. Die ersten Male glaubten die meisten, dass ihnen die Lunge herausspringt – sowie die ganzen Zigaretten.

Nach ein paar Wochen der Ausbildung bekamen alle Rekruten eine Dienstnummer, die sogenannte Matricule. Diese musste jeder so lange auswendig lernen, bis er es im Schlaf aufsagen konnte. Das war notwendig, weil man sich bei jedem Vorgesetzten mit Dienstnummer präsentieren musste. Hinzu kamen noch der Dienstausweis und die Erkennungsmarke.

***

## Marschieren und Singen

In der Ausbildung mussten die Legionäre das Marschieren im Gleichschritt erlernen. Wie bei der Legion üblich, wurde dabei gesungen, doch ich war schon in der Schule kein guter Sänger. Ich hatte bereits mit zwölf Jahren einen Stimmbruch und musste mich als „Brummbär" auf eine Hinterbank verkriechen. Dort hatte ich die Gelegenheit, unter der Schulbank meine Wildwestromane zu lesen.

Doch das Singen bei der Legion war für mich wider Erwarten sehr leicht, denn bei 50 Stimmen zugleich fällt keiner auf. Sehr viele Lieder waren in deutscher Sprache, die französischen wurden mühsam auswendig gelernt.

Die folgenden Lieder und Texte sind aus einem Liederbuch des 3. Regiments.

***Le Boudin***
*La marche de la Légion étrangère*

*Tiens, voilà du boudin, voilà du boudin, voilà du boudin*
*Pour les Alsaciens, les Suisses et les Lorrains,*
*Pour les Belges, y en a plus, pour les Belges, y en a plus,*
*Ce sont des tireurs au cul.*

*Au Tonkin, la Légion immortelle*
*À Tuyen-Quang illustra notre drapeau,*
*Héros de Camerone et frères modèles*
*Dormez en paix dans vos tombeaux.*

*Au cours de nos campagnes lointaines,*
*Affrontant la fièvre et le feu,*
*Oublions avec nos peines,*
*La mort qui nous oublie si peu,*
*Nous, la Légion.*

Dieses Lied *Le Boudin* ist allen Legionären eingetrichtert worden, und diejenigen, die noch zur Legion gehen werden, erlernen es.

Einige Titel, die auf Deutsch gesungen wurden, stehen auch in den deutschen Liederbüchern:

O du fröhliche
Annemarie
Stille Nacht, heilige Nacht
Westerwald
Tannenbaum
Der alte Legionär
Kameraden, wir haben die Welt gesehen
Ein Heller und ein Batzen
Veronika

Diese Lieder in deutscher Sprache werden auch heute noch gesungen, obwohl die heutigen Legionäre mit der deutschen Sprache Schwierigkeiten haben - sie kommen aus Osteuropa, Asien, Afrika und aus vielen Ländern in Übersee.

Trotzdem hat man den deutschen Legionären mit diesen Liedern ein kleines Denkmal gesetzt. Einige deutsche Lieder wurden auch ins Französische übersetzt. Das Lied, das mir am besten gefiel, war Die Mühle im Schwarzwald, aber in Französisch.

***

## Weiter im Ausbildungsprogramm

Am Morgen mussten die Rekruten ihren Ausbildungsplan manchmal völlig übermüdet fortführen. Nach der Nachtwache auf die Affenbahn, um dort zu zeigen, was man kann. Viele haben die schwierigen Hindernisse nicht geschafft, aber meine neuen Kumpel aus dem Schwarzwald und noch einer aus dem Ruhrgebiet haben sich zusammen mit mir unter den Besten auf der Affenbahn hervorgetan. Wir drei haben uns immer mit den ersten drei Plätzen abgewechselt. Somit gewann einer fast immer, was sich natürlich als großer Vorteil bei jeglicher Art von Begünstigungen herausstellte.

***

## Nahkampfausbildung

Als Erstes wurden alte Seesäcke mit Stroh gefüllt und dann an Stangen aufgehängt. Die Rekruten bekamen einen Karabiner Modell MAS

36. Diese Gewehre hatten ein Dreikant-Bajonett im Schaft integriert. Das Bajonett hat man herausgezogen, umgedreht und wieder in die dafür vorgesehene Öffnung gesteckt. Dann konnte man loslegen, oder besser gesagt losstechen. Die erste Übung war im Stand auf den Sack stechen, dann kam die zweite Übung, die schon etwas schwieriger war: Das Gewehr wurde auf den Seesack gerichtet, man machte zwei Schritte vorwärts und stieß dabei das Gewehr mit der Hand, die den Kolben hielt, nach vorne, um den Überraschungsmoment auszunutzen. Die alten Seesäcke bekamen viele Löcher, doch die Rekruten hatten auch einen Riesenspaß, sie zu erzeugen. In der Realität wurde diese Methode nicht angewendet.

Die Nahkampfausbildung ging weiter, aber mit einer anderen Möglichkeit – nämlich ohne Waffen. Man lernte, sich gegen einen Angriff zu verteidigen, einen Gegner kampfunfähig zu machen oder ihn im Notfall zu töten.

***

## Die ersten scharfen Schüsse

Als alle Rekruten so weit waren, dass sie auch mit einer scharfen Waffe umgehen konnten, wurden eines Morgens Zielscheiben und Kleister besorgt und die Waffen mit genügend Munition aus der Waffenkammer geholt. Wasserflaschen, Verpflegung, die Scheiben und alles, was man sonst noch auf einem wilden Schießplatz braucht, wurde mitgenommen. Dann ging es zu Fuß ca. 10 km auf ein freies Feld. Dort wurden die Scheiben ganz primitiv in 200 m Entfernung aufgestellt. Die Schützen, von denen manche noch nie scharf geschossen hatten, waren voller Erwartung, was da auf sie zukommen mochte. Der Anfang war ein Desaster, viele haben ihre Scheibe überhaupt nicht getroffen. Da ich zuhause viele Waffen hatte und auch damit schoss, hatte ich zum Glück hier keine Schwierigkeiten. Diejenigen, die so schlecht geschossen haben, mussten viele Liegestütze machen und auf dem Heimweg die Zielscheiben tragen.

Einige Zeit später kamen dann die Maschinenpistolen Mat 49 vom Kaliber 9 mm und das MG 24/29 mit einem 20-Schuss-Magazin, das oben aufgesetzt wurde. Mit diesem Maschinengewehr konnte ich nicht schießen, denn es hatte eine laterale Zieleinrichtung auf der linken Seite. Zwischendurch mussten die Rekruten mit allen ihren verschiedenen Waffen ins Gelände, um dort den Ernstfall zu üben. Die Übungen waren natürlich mit Platzpatronen, die aus weißem Kunststoff gefertigt wurden. Die Maschinenpistolen hatten vorne einen Aufsatz, der nur ein kleines Loch hatte, damit genügend Kraft für den Rückstoß erzeugt wurde, um das Schloss zu repetieren. Die Platzpatronen für den Karabiner MAS 36 waren mit einer Spitze aus Pappe versehen. Die Platzpatronen vom Maschinengewehr waren mit einer Spitze aus hohlem Holz gefertigt. Dieses MG hatte auch eine Vorrichtung für Dauerfeuer. Das MG 24/29 hatte zwei Abzüge, mit denen man im Wechsel per Dauer- und Einzelfeuer schießen konnte. Man zeigte aber auch den Rekruten bei Vorführungen, wie gefährlich eine Platzpatrone sein konnte. Die Platzpatronen mit der Holzspitze haben bei meinem Anschauungsunterricht einen Dachziegel durchschlagen, also könnte man aus nächster Nähe einen Menschen damit töten.

Man bekam damals umgerechnet 140 D-Mark Sold, und die meisten Rekruten haben dieses Geld gleich versoffen. Ich selbst war Sparsamkeit gewohnt und habe erst am Ende des Monats, wenn keiner mehr Geld hatte, den großen Maxe gespielt.

Willkommene Abwechslungen waren auch einige Übungen mit den

Sikorsky Hubschraubern, bei denen die Rekruten mit voller Ausrüstung das Ein- und Aussteigen erlernen sollten. Die Schwierigkeit war, dass die Hubschrauber in einer Höhe von etwa 2 m flogen - dies taten sie zwar langsam, doch man musste schon sehr aufpassen, wenn man zurück auf die Erde gesprungen ist. Dabei gab es für manchen, der nicht konzentriert dabei war, eine Knöchelverstauchung - ich kann mich sogar an einen Oberschenkelbruch erinnern. Etwas später kamen auch noch Übungen mit sogenannten Bananenhubschraubern dazu, die ein viel größeres Fassungsvermögen hatten.

***

## Schießdemonstration

Am Anfang der Rekrutenausbildung mussten wir mit dem alten Karabiner MAS-36 das Schießen lernen. Wir schossen auf Scheiben, die in 200 Meter Entfernung mitten in einem Gelände aufgestellt waren.

Bei einer Pause demonstrierte uns ein Sergent mit seinem privaten US-Karabiner M1, wie man auf 200 Meter eine Kaktusfrucht in der Mitte trifft - die Frucht hatte einen Durchmesser von ungefähr 5 cm. Wir mussten alle zu dem Kaktus hinlaufen, um seine Treffer zu bewundern. Später wusste ich, dass man mit diesem Karabiner auf 200 Meter Entfernung höchstens ein Scheunentor treffen kann.

Der Sergent hatte das Loch schon vorher in die Kaktusfrucht geschossen, aus einer Entfernung von 10 cm. So verscheißert man die dummen Rekruten.

***

## Überraschung pur

Wir waren etwa 50 Rekruten in einer Section und nach einigen Wochen in der Grundausbildung kam für all jene, die keine Ahnung hatten, was die Legion so alles zu bieten hat, eine riesengroße Überraschung:

Die komplette Section musste in Viererreihe antreten, anschließend ging es im Paradeschritt zu einem Gebäude. Dort angekommen, musste sich die erste Reihe die komplette Uniform bis auf die Unterhose ausziehen und jeder bekam einen Bon im Wert von umgerechnet 7 DM in die Hand gedrückt. (Später wurde dieses Geld vom Sold abgezogen.)

Dann ging es los, ein Sanitäter war am Eingang und kontrollierte bei jedem den Penis, ob er sauber und frei von Geschlechtskrankheiten war.

Nach dieser Prozedur folgte die eigentliche Überraschung. Im Gebäude waren sechs Verschläge mit Zeltplanen abgeteilt.

In diesen Verschlägen warteten die Frauen auf uns und man kann sich vorstellen, dass die sexuell ausgehungerten Rekruten nicht lange zu Werke waren und es schnell weiterging, bis auch der Letzte an der Reihe war. Anschließend mussten alle unter die Dusche. Der Rest des Tages war Freizeit.

Eine kleine Bemerkung von mir: Frauen, die auf diese Weise für Legionäre gearbeitet haben, möchte ich nie als Nutten oder Huren bezeichnen. Warum? Sie waren für uns eine Notwendigkeit und verhielten sich fast immer sehr korrekt.

***

## Ende der Grundausbildung

Die drei Monate Grundausbildung waren sehr schnell vorbei und nachdem wir so weit fortgeschritten waren, dass wir uns wie Soldaten benehmen konnten, hieß es, ihr seid jetzt voll integrierte Legionäre 2. Klasse, und wir bekamen anschließend unser Képi Blanc.

Wir waren sehr stolz, denn ab jetzt waren wir vollwertige Legionäre mit all unseren Pflichten und auch Rechten.

Nach dieser Zeremonie bekamen wir 24 Stunden Urlaub in der Stadt Mascara. Der Transport erfolgte mit LKWs, am Mittag angekommen ging die Runde durch die Bars und Bordelle los.

Das Problem war am Abend die ab 22.00 Uhr für die gesamte Bevölkerung verhängte Sperrstunde, dadurch mussten wir uns eine Bleibe für die Nacht suchen.

Wir waren eine Gruppe von acht Mann unterwegs, darunter ein Elsässer, der in einem Hotel ein Doppelzimmer mietete, in dem die gesamte Gruppe die Nacht verbrachte.

Allerdings war das Schlafen nicht besonders komfortabel mit fünf Mann im Doppelbett und drei Mann auf Stühlen und auf dem Boden. Damit war es aber noch nicht getan, denn die Tatsache, dass wir alle betrunken waren, sorgte dafür, dass wir uns immer wieder übergaben und deswegen das WC und auch das Bidet am nächsten Morgen verstopft und völlig versaut waren.

Der Besitzer des Hotels beschimpfte uns fürchterlich und wir mussten auch noch für die Reinigung aufkommen.

*Januar 1960. Das erste Foto von meiner Ausbildung in Thierville im Marinecamp, auf dem Weg zum Essen mit Glasteller und Alubecher und einer Uniform, die nicht so attraktiv war wie meine letzte, aber aller Anfang ist schwer.*

Am Nachmittag waren dann die LKWs da und holten die müden Helden in die gewohnte Umgebung der Kaserne zurück.

Unser erster Ausgang sollte erst der Anfang sein, um Erfahrungen für die nächsten langen Jahre zu sammeln.

***

## Spezialausbildung in Mascara

Nun folgte die Spezialausbildung in der Stadt Mascara.

Unser neuer Sektionschef war ein Italiener. Er war bei der Waffen-SS in Deutschland gewesen und konnte sich nirgendwo blicken lassen, am allerwenigsten in Italien. Vom Dienstgrad her war er Adjudantchef, er war ein Sadist sondergleichen und sein Name war Dalla Costa. Merkwürdigerweise war er nur sadistisch zu seinen Landsleuten, was ich mir nur so erklären konnte, dass er für die Deutschen mehr Sympathie hatte, und das vielleicht auf Grund seiner früheren Gesinnung, denn er war Mussolini-Anhänger.

Zum Beispiel wollte ein Italiener in der Nacht vom 2. Stock runter ins Parterre zum Pinkeln. Übermüdet und schlaftrunken hatte er sich vollständig angezogen - das war Vorschrift. Er öffnete eine Schranktüre und pinkelte hinein. Als der Sadist das am Morgen mitbekommen hat, weil es von einem Ausbilder gemeldet wurde, hat er den armen Teufel halbtot geprügelt wie so viele Italiener vor ihm.

*

Ein trauriger Vorfall war auch während dieser Spezialausbildung zu beklagen: In einer Nacht erschoss sich ein Rekrut während der Nachtwache mit 17 Schuss aus seiner Maschinenpistole.

Doch die ganzen Vorfälle durften mich nicht verunsichern, denn mein Sektionschef der vorangegangenen Grundausbildung, Adjudant Toller, ein Kölner, war schon 17 Jahre in der Legion und sagte zu mir: Du musst dich anstrengen, damit du weiterkommst.

Seine Frau besaß in der Nähe von Thierville eine Farm. Die beiden hatten damals eine 15-jährige Tochter und es war anzunehmen, dass er in diesen unruhigen Zeiten einen sympathischen und zuverlässigen Schwiegersohn suchte.

*

An einem Sonntag bekamen wir Ausgang und ein Kollege, Elsässer und ehemaliger Angehöriger der regulären Armee, fragte mich, ob ich mit ihm einen trinken gehen würde.

Obwohl ich einen Ausgangsschein hatte, entgegnete ich ihm, dass ich kein Geld zum Saufen hätte, seine Antwort aber war: Komm mit, du bist eingeladen.

Jetzt kam die hohe Schule des kostenlosen Trinkens, bald war eine Bar gefunden und wir bestellten uns ein Bier nach dem anderen, bis wir den Kragen voll hatten

Auf einmal sagte mein Gastgeber, ich solle schon mal zur Kaserne gehen, er müsse nur noch bezahlen und komme gleich hinterher.

Einige Minuten später holte er mich auf dem Weg zur Kaserne ein und ich fragte ihn, wie viel er bezahlt habe, worauf er grinsend antwortete, dass das WC-Fenster offen gewesen sei.

Diese Art der Bezahlung war mir nicht recht und ich habe das nie praktiziert.

***

## Vorfall auf dem Schießplatz

Ein Sergent Chef hatte wegen seiner Behinderung den Spitznamen „Drei Finger Jack“, sein richtiger Name war Lewandowski. Später hat sich herausgestellt, dass er nicht bei der SS, sondern bei der Wehrmacht war. Er war zwar ein harter Typ, aber sehr gerecht.

Als die Sektion einmal auf dem Schießplatz war, sprang ein Grieche auf und benahm sich fürchterlich, weil er Angst hatte vor seinem Gewehr, da beim ersten Schuss mehrere Tropfen Öl in sein Gesicht spritzten. Der Sergent Chef verpasste ihm eine Ohrfeige, woraufhin der Grieche das Gewehr vom Boden aufhob und mit den Worten „Ich erschieß' dich!“ auf ihn losgehen wollte. Das war ein grober Fehler, denn der Sergent Chef nahm ihm sofort das Gewehr aus der Hand, legte ihm eine scharfe Patrone in die Patronenkammer und gab es ihm zurück. Im gleichen Augenblick holte der Sergent Chef seinen 45er Colt Automatik aus dem Holster und sagte ganz ruhig zu ihm, er solle ruhig schießen. Hätte der Grieche auch nur die leiseste Anstalt gemacht, dieser Aufforderung nachzukommen, dann wäre er wahrscheinlich tot gewesen. Dazu kam es aber nicht, denn der Grieche hatte eingesehen, dass er chancenlos war.

Die „Belohnung“ für den Griechen kam erst, als die ganze Kompanie vom Schießplatz in Richtung Kaserne abrückte, die einige Kilometer entfernt war. Der Sergent Chef kümmerte sich persönlich um die Bestrafung. Diese sah so aus: Der Grieche musste den gesamten Weg auf dem Bauch nach Hause robben. Dieser Mann war absolut geheilt, denn man widersetzt sich in der Legion niemals einem Vorgesetzten.

***

## Ausbildungsplan und Waffen

Von nun an bekamen die Legionäre ein neues Gewehr – es war das MAS 49-56 vom Kaliber 7,5 mm mit einem 10-Schuss-Magazin. Dieses Gewehr hatte auch eine Abschussvorrichtung für Gewehrgranaten und man konnte damit die normalen Sprenggranaten bis auf 400 m schießen, dies jedoch nur in 45°-Winkel. Die Panzergranaten musste man im Stehen aus einer Entfernung von etwa 70 m abschießen. Dann gab es noch ein Zielfernrohr, mit dem man als geübter Schütze bis auf 500 m sein Ziel erreichen konnte. Dieses Gewehr hatte es mir angetan. Und ich befasste mich sehr intensiv damit. Auf dem Schießplatz erzielte ich immer sehr gute Ergebnisse und ich durfte auch das Zielfernrohr benutzen.

Dann kam die Maschinenpistole vom Typ MAT 49 Kaliber 9 mm. Das 32 Schuss umfassende Magazin konnte man umklappen und den Metallschaft zusammenschieben – so konnte man es auch für versteckte Einsätze benutzen. Man musste schnell reagieren, wenn ein Gegner überraschend auftauchte, und so schoss man meist auf 25 m aus der Hüfte heraus. Bei einem Häuserkampf war diese Waffe, neben den offensiven Handgranaten, sehr nützlich. Im späteren Einsatz im Regiment hatte ich eine MP, die mit einer Lampe ausgerüstet war. Der Lichtschein der Lampe hatte auf ca. 50 m einen abgezirkelten Schein von ungefähr 40 cm Breite und 30 cm Höhe. Die Maschinenpistole wurde genau auf diese Lichtanzeige eingeschossen. Das Problem war, die Gegner haben auch diesen Lichtschein gesehen, deshalb war es für die Legionäre gefährlicher als für die Gegner. Man hat dann doch sehr schnell diese Lampen wieder abgeschafft, die übrigens aus deutscher Produktion stammten.

Hinzu kam auch noch das damals neue Maschinengewehr AA 52 vom Kaliber 7,5 mm mit Munition auf Ketten. Die Zieleinrichtung war obenauf, so konnte ich als Linksschütze auch damit schießen. Dieses MG gab es in zwei Ausführungen: einmal das normale, das man auf ein Zweibein stellen konnte, und dann das schwere MG mit einem dickeren Lauf und einem Dreibein. Dieses Dreibein konnte man mit Stellrädern so einstellen, dass es mit einer Schnur am Abzug bedient werden konnte, ohne unmittelbar der Gefahr ausgesetzt zu sein.
Die Waffe, die nicht viel traf und ich nicht gern hatte, war die Pistole MAC 50 vom Kaliber 9 mm.

Zur Ausbildung gehörte auch die Kenntnis von Granaten, Minen, Sprengstoff und Zündern der verschiedensten Art. Das Gerät, das mir etwas Angst machte, war das LRAC Modell 1950.

Es besaß ein 120 cm langes Rohr mit einem Durchmesser von 73 mm - damit schoss man Panzerabwehrraketen ab. Der dabei entstehende Rückstoß war extrem. Wenn man aufrecht geschossen hat, dann musste ein Kollege von hinten den Schützen, trotz Schutzschild, festhalten. Das geschmolzene Dichtungsmaterial traf den Schützen, durchdrang den Kampfanzug und brannte sehr schmerzhafte winzige Löcher in die Haut. Ein guter Schütze konnte auf etwa 350 m ein 200-Liter-Fass treffen.

Später, als ich schon Ausbilder war, haben wir noch oft mit diesem LRAC auf alte Panzerwracks geschossen. Im getroffenen Panzer suchte man anschließend nach Resten der Rakete. Man suchte nach einem 7 cm langen Tropfen Bimetall, das bis zu 3000 Grad Hitze erzeugte und mühelos die Panzerung durchdrang. Man kann sich vorstellen, was das für eine Panzerbesatzung bei einem Treffer bedeutete. Ich habe einmal im Einsatz Leute aus einem Panzer der regulären Kavallerie herausgeholt - man konnte sie noch erahnen, jedoch waren sie nicht mehr sehr groß.

In den Ausbildungen hat man stets sehr viel gelernt, vor allem von den deutschen ehemaligen Wehrmachtsangehörigen. Zu meiner Zeit waren überwiegend Deutsche in der Legion.

***

## Ausgang

Zwischendurch gab es auch Ausgang in die Stadt zu Bars, Kneipen und Bordellen. Der Weg nach draußen führte immer am „Poste de Police" vorbei. Der Posten war immer von Unteroffizieren besetzt, die nicht nur den normalen Ein- und Ausgang kontrollierten, sondern auch die Urlauber. Jeder musste sich im Wachgebäude vorstellen und wehe, wenn die Uniform nicht in Ordnung war, dann bekam man vielleicht noch einen Tritt in den Hintern, so dass die Hose auch noch voll schwarzer Schuhcreme war. Dann machte man eine Kehrtwendung, es gab ja auch Bier im Foyer, und man hat Geld gespart.

***

## Fangprämien

Einige Legionäre hatten Heimweh oder verkrafteten die harte Ausbildung nicht. Die Dümmsten haben versucht, ohne jede Kenntnis von Land und Leuten zu desertieren. Sie wussten nicht einmal, in welche Richtung sie gehen sollten. Zu diesem Zeitpunkt wurden alle wieder eingesammelt, denn die Araber haben gerne geholfen, wenn sie einen Deserteur sahen. Für sie gab es sogenannte Fangprämien.

Die folgenden Strafen waren oft sehr gewaltig. Ist jemand ohne Waffe abgehauen, so wurde er nur eingesperrt. Ist jedoch jemand mit Waffe desertiert, so kam er meist für sechs Monate in die Strafkompanie nach Colomb-Bechar. Diese Zeit wurde dem regulären Fünf-Jahres-Vertrag angehängt.

***

## Revue de paquetage

Dies bedeutet, alle Legionäre einer Sektion mussten ihre komplette Ausrüstung auf eine Zeltplane legen. Dies geschah in einem Raum oder auch im Freien.

Diese Prozedur machte man, um zu überprüfen, ob alles sauber und komplett war, und zweitens, um die Leute ein wenig zu schikanieren. Die Legionäre standen aufgereiht und ausgerichtet vor ihrer Plane. Wenn einer der Vorgesetzten einen Gegenstand aufrief, mussten sie diesen vorzeigen und wieder ablegen. Fehlte etwas, gab es dafür eine Strafe.

Die Vorgesetzten wussten auch, dass einige Legionäre einfach zu viel besaßen. Während der Revue durchsuchte ein Vorgesetzter die Schränke und auch die Betten. Wenn etwas gefunden wurde, dann war das gestohlen, dafür gab es auch wieder saftige Strafen.

Man muss auch dazu sagen, dass die Unteroffiziere alle Tricks der Legionäre kannten, da ein jeder zuvor alle Ausbildungsstufen durchlaufen hatte.

***

Eine Begebenheit am Rande: Als ich in Mascara beim Essen saß, war mir gegenüber ein Rekrut von einer anderen Section, den ich meiner Meinung nach nicht kannte.

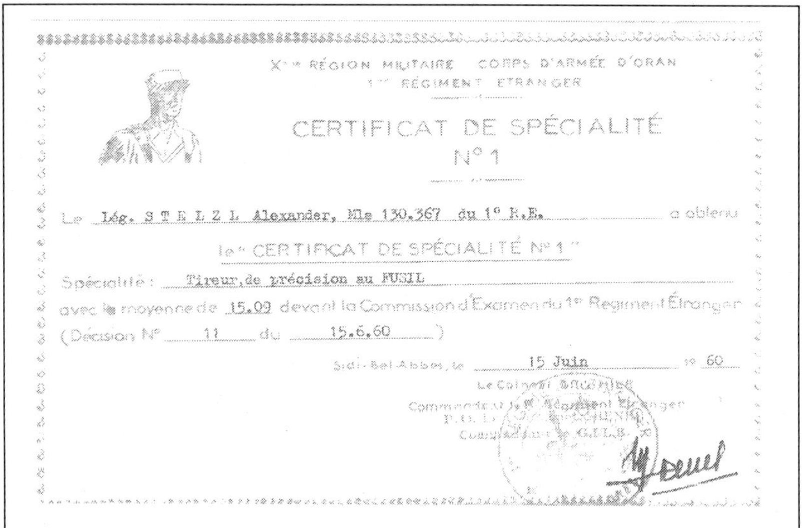

Xème RÉGION MILITAIRE CORPS D'ARMÉE D'ORAN
1er RÉGIMENT ETRANGER

CERTIFICAT DE SPÉCIALITÉ
N° 1

Le Lég. S T E L Z L Alexander, Mle 130.367 du 1° R.E. a obtenu
le "CERTIFICAT DE SPÉCIALITÉ N° 1"
Spécialité : Tireur, de précision au FUSIL
avec la moyenne de 15.09 devant la Commission d'Examen du 1er Regiment Étranger
(Décision N° 11 du 15.6.60)

Sidi-Bel-Abbes, le 15 Juin 19 60

*Certificat de Spécialité Nr. 1*
*Dieses Zertifikat bekam man nach der Spezialausbildung und es bedeutet, man ist Präzisionsschütze mit dem Gewehr – bestanden mit 15,09 von 20 erreichbaren Punkten.*

Die ganze Zeit über beobachtete er mich, ohne etwas zu sagen, dann sprang er auf, lief eilig weg und kam nach ein paar Minuten wieder zurück. Er legte mir einige Fotos auf den Tisch – und wer war auf den Fotos zu sehen? Das waren er und ich und noch zwei Kollegen vom Lehrlingsheim im Ruhrgebiet zwischen 1952 und 1955.

Es stellte sich heraus, dass Wolke, so war sein Name, nach langen Gesprächen aus irgendwelchen Gründen zur Legion gegangen ist.

Wir hatten so lange Kontakt, bis die Ausbildung zu Ende war. Erst in Marseille, im deutschen Konsulat bei der Entlassung, habe ich ihn wiedergesehen. Er blieb in Frankreich.

***

## Zurück nach Thierville

Nach dieser Spezialausbildung musste ich mit 14 anderen Legionären zurück nach Thierville. In dem mir schon bekannten Marinecamp angekommen, mussten wir fünf lange Wochen rund um die Uhr Wache schieben, tagsüber in Paradeuniform und nachts im Tarnanzug, zwei Stunden Wache und vier Stunden Ruhe und Schwitzen in unserem Wachturm.

Unsere Aufgabe war, auf etwa 200 Rekruten aufzupassen, die noch keine Waffen tragen durften. In diesen fünf Wochen bekamen wir nur einmal für 24 Stunden Urlaub, den wir in Mascara verbrachten, um unseren Frust in Bars und Bordellen abzureagieren.

Nach diesen fünf unangenehmen Wochen kamen wir als Elève caporal nach Aïn El Hadjar, das war in der Nähe von Saida.

Da ging das Schleifen von vorne los, jedoch mit noch mehr Ausbildungsstoff. Da endlich begriff ich, was mein früherer Sektionschef meinte, als er sagte, du musst weiterkommen, denn wenn man einen gewissen Status erreicht hat, kann man sicher sein, dass alles leichter wird - und im Hinterkopf hatte ich immer: Du machst das ja alles freiwillig.

***

Der Chef vom ganzen Haufen war ein Deutscher, der die Offiziersschule absolviert hatte. Er selbst war Unterleutnant und sein Stellvertreter war ein Sergent Chef, er stammte aus der Tschechei. Zur Führungsriege gehörten noch 3 Sergents und 4 Caporäle. Also genug Personal, um die Leute auf Vordermann zu bringen.

***

## Kleine und gemeine Strafen

Kleine Schikanen von Vorgesetzten waren z.B. großes Reinigen der Waffen, um sie im Anschluss vorzuzeigen. Für die Präsentation der vermeintlich sauberen Waffen musste man einen Stoffüberzug vom Képi Blanc mit auf den Tisch oder das Bett legen. Mit diesem reinweißen Überzug kontrollierte der Sergent die Waffe an allen möglichen und unmöglichen Stellen auf Dreck, vor allen Dingen bei denjenigen, die man schon auf dem Kieker hatte. Man wurde immer fündig und die Strafe für ein verschmutztes Gewehr bestand manchmal darin, dass der Betroffene ein Bajonett vom Karabiner MAS nehmen musste. Er ging in die Hocke, hielt das Bajonett mit einer Hand und dem Hintern und musste es mit selbigem festhalten. Gelang dies, streckte man beide Arme nach vorne. Auf diese Weise wurden die

Bein- und Bauchmuskeln gestärkt sowie der Wille, beim nächsten Mal die Knarre sauber zu präsentieren.

Als bei einer Kontrolle einmal ein Sergent einen Gewehrlauf betrachtete und bemerkte, dass noch etwas darin sei, bekam er zur Antwort, dass dies nur ein Knoten sein könne. Dem Gesichtsausdruck des Sergent nach hätte der Kerl diesen Kommentar lieber für sich behalten. Und so kam die Antwort postwendend - er musste mit einem Maschinengewehr in Vorhalte zehn Runden auf dem Kasernenhof absolvieren. Das war nicht leicht, denn so ein MG wiegt 10,5 kg.

***

## Prüfung und die Zeit danach

Der Tag der Prüfung war gekommen und ich wäre beinahe durchgerasselt, da mein Problem die französische Sprache war und ich mich nicht richtig ausdrücken konnte. Mein Zertifikat bekam ich dennoch und das schlechte Ergebnis war ein starker Anreiz, in Zukunft besser zu werden.

Es gab noch eine große Abschlussfeier mit vielen Delikatessen und viel zu trinken. Bei dieser Gelegenheit lernte ich auch, dass Schnecken eine Delikatesse sind. Als ich meine Vorgesetzten sah, wie sie mit einem Dorn der Agave die vermeintlich glitschigen Viecher aus ihren Häuschen holten, dachte ich, nach einigen Gläsern Rotwein, man könne es ja einmal probieren. Zu meiner Überraschung schmeckte es sehr gut und seither esse ich Schnecken mit Genuss.

Nach dieser Feier machte sich ein jeder zurecht, um versetzt zu

*Caporal-Schule, Abschlussfoto 1960*
*Caporal-Schule in Aïn El Hadjar, in der obersten Reihe (von links nach rechts) der Fünfte ist meine Wenigkeit, vorne sitzend alle unsere Ausbilder, das Foto entstand nach dem Examen, es waren nur noch 30 von 50 übrig.*

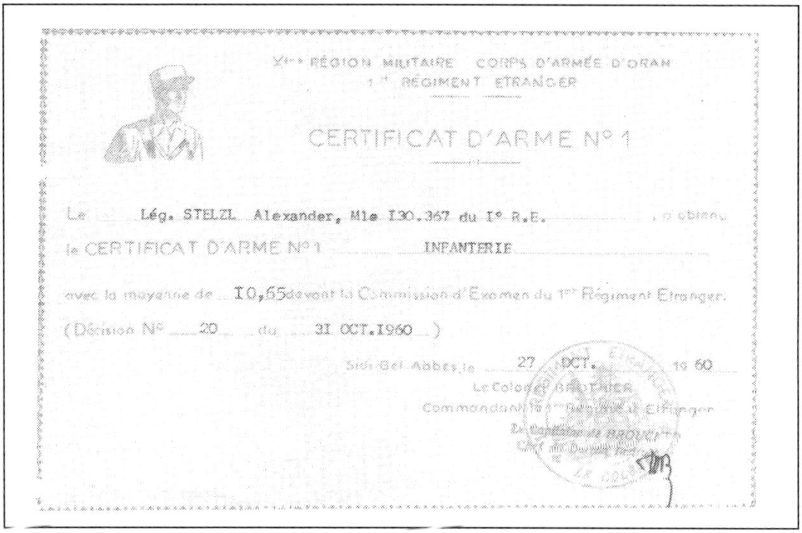

XIème RÉGION MILITAIRE CORPS D'ARMÉE D'ORAN
1er RÉGIMENT ETRANGER

CERTIFICAT D'ARME N° 1

Le Lég. STELZL Alexander, Mle I30.367 du I° R.E. a obtenu
le CERTIFICAT D'ARME N° 1 INFANTERIE
avec la moyenne de I0,65 devant la Commission d'Examen du 1er Régiment Etranger.
(Décision N° 20 du 31 OCT.1960 )

Sidi-Bel-Abbès, le 27 OCT. 19 60
Le Colonel BROTHIER
Commandant le 1er Régiment Etranger

*Certifical D'Arme Nr. 1*
*Das Certificat D'ARME No 1 Infanterie bekam man nach ca. vier Monaten auf der Caporal-Schule, bestanden sehr schlecht mit nur 10,65 Punkten von 20, damit war ich gerade noch Funktionärs-Caporal und als Ausbilder für die Rekruten vorgesehen.*

werden. Von den anfänglich 50 Mann blieben noch 30 übrig. Der Rest war krank, schaffte die Anforderungen nicht oder wurde zuvor bereits ausgemustert.

Ich wurde nach Mascara geschickt, mein Freund Gerd ging nach Sidi Bel Abbès und machte dort einen Kurs zum Sportlehrer. Dieter, mein anderer Freund, machte freiwillig eine Fallschirmspringerausbildung. Man behielt ihn und er bildete von da an Fallschirmjäger aus.

Die anderen gingen wieder in ihre Regimenter zurück, um dort als Caporal eine Gruppe zu führen.

***

## Rückkehr nach Mascara

Ich war der Einzige, der als Funktionärs-Caporal wieder in die Ausbildungskompanie zurückmusste. In Mascara bekam ich wieder in der 8. Kompanie einen Platz als Ausbilder und musste den Rekruten beibringen, was ich zuvor selber erlernt hatte.

Da ich noch keine 18 Monate Dienstzeit vorweisen konnte, bekam ich noch keine grünen Doppelwinkel eines Caporals. So trug ich stattdessen auf der rechten Schulter einen gelben Stoffstreifen, der so breit war  wie das Rangabzeichen eines Capitaine. Als *Chef de voiture*[1] saß ich auf dem Beifahrersitz und wenn wir eine Wache passierten, kam es schon mal vor, dass die Wachen aus Versehen das Gewehr präsentierten. Auch der Sold war noch nicht an den Rang eines Caporals angepasst, aber mein Französisch besserte sich zusehends.

1 Voiture = Auto

Die Ausbildung verlief genau so, wie ich es bereits erlebt hatte, nur mit dem Unterschied, dass ich jetzt derjenige war, der die Rekruten im Griff hatte. Es gab auch immer wieder Vorkommnisse mit einem der Rekruten, bei denen man hart durchgreifen musste. Einmal kam ein Adjutant und sagte zu mir, ich müsse einen Rekruten eine Stunde auf einem Acker mit einem Rucksack voller Steine und einem Gewehr ohne Schloss strafexerzieren lassen. Ich musste diesen Befehl ohne Widerrede ausführen. Dem Rekruten sagte ich, wenn er alles mitmacht, dann hat er keine Probleme zu erwarten. Wenn er allerdings nicht auf die Pfeiftöne reagiert, dann wählt er selbst die harte Tour. Es war schon eine harte Strafe, eine Stunde in der Hitze zu laufen und auf allen vieren zu robben. Für den Fall, dass ein zu bestrafender Rekrut ausrastet, habe ich mich immer mit einem Colt 45 Automatik abgesichert.

Wenn der Rekrut alles nach Befehl durchgeführt hatte, bekam er die Gelegenheit zum Duschen. Hat er Befehle verweigert oder nicht richtig mitgemacht, dann übernahm ein Unteroffizier die Bestrafung. Das war vom Regen in die Traufe.

Viele Legionäre haben die Vorgesetzten als Schinder und Schweine betrachtet, was in einigen Fällen vielleicht zutraf, aber in den meisten Fällen waren die Legionäre selber schuld, wenn sie sich eine Strafe eingehandelt haben. Ich konnte das aus eigener Erfahrung bestätigen, denn auch ich hatte manchmal das Gefühl von Hass in der eigenen Ausbildung und so manchen meiner Vorgesetzten habe ich verflucht. Doch die sehr strenge Ausbildung hat eindeutig ihre Vorteile. Die Legionäre waren vorbereitet, sich in allen schwierigen Lagen zu behaupten, auch weil sie erlernten, unangenehme Sachen leichter zu nehmen.

Doch auch ich wurde trainiert, das Vertrauen in meine Vorgesetzten zu verstärken. Einmal behauptete ein Rekrut, sein Gewehr sei schlecht eingestellt und aus diesem Grund treffe er nichts. Der Sergent Chef nahm das MAS 36 des Rekruten und sagte zu mir, ich solle zur Scheibe gehen, die in 200 Metern Entfernung aufgebaut war, und mit meinem Beret anzeigen, wo seine Treffer landen. Ich hörte erst den dumpfen Einschlag auf der Scheibe, die sehr dick mit Papier verklebt war, und dann erst den Knall der MAS. Zu meiner Erleichterung hatte der Chef mit fünf Schuss ins Schwarze getroffen. Der Rekrut bekam aufgrund seiner falschen Behauptungen eine Strafe.

***

Nach einem Monat bekam ich schon wieder einen Marschbefehl zurück nach Thierville. Da angekommen kam ich in die Schreibstube des Unteroffiziers vom Wochendienst und habe mich ordentlich präsentiert. Und wer saß da am Schreibtisch? Mein erster Sektionschef Adjudant Toller. Er grinste mich an und teilte mich gleich mit ihm zusammen zum Wochendienst ein. Er erzählte von seiner Frau und seiner Tochter und über die prekäre Lage in Algerien. Man hörte schon seine Sorgen über seine Familie und deren Zukunft heraus. Er redete auch über Indochina, wo er sehr schwer verwundet wurde, und über seine Abneigung gegen Hubschrauber – die hatten ihn nach seiner Verwundung transportiert.

Manchmal las er mit offener Schublade seine deutschen Romanhefte, später habe ich erfahren, dass er sich in das vierte Einsatzregiment an die tunesische Grenze versetzen ließ.

***

## Umzug

Das Marinecamp in Thierville wurde von der Legion aufgegeben und die Ausbildungskompanie musste in eine ca. 20 km entfernte verlassene Gegend umsiedeln. Dort waren die Rekruten in den Maschinenhallen untergebracht.

In einiger Entfernung hatte man einen wilden Schießplatz eingerichtet, um den Rekruten alles beizubringen. Meine Sektion bekam einen neuen Chef - ein junger Unterleutnant und ein Heißsporn.

***

## Sprengstoffunterricht

Im Jahr 1960 hatten wir auch Unterricht über Sprengstoff, Sprengschnüre, Zündschnüre und Zünder der verschiedensten Arten. Um die Wirkung von diesen Dingen zu zeigen, machten wir Vorführungen, wie man überhaupt eine Sprengung herbeiführen kann, welche Auswirkungen so eine Sprengung haben kann und für welche Zwecke man diese Sprengstoffe verwendet.

Ein Ausbilder wickelte eine Sprengschnur mehrfach um einen Baum und zündete die Ladung, und der Baum riss genau an der Stelle, an der die Sprengschnur angebracht war.

Ein Sergent-chef, ein ehemaliger Angehöriger der Deutschen Wehrmacht, nahm einen Rekruten, der nicht aufgepasst hatte, und wickelte ihm eine Sprengschnur um seinen Hals. Er hat ihm dadurch viel Angst eingejagt, aber der hat das nächste Mal besser aufgepasst.

Außerdem hat der Sergent-chef so seine Spielchen mit Offensiv-Handgranaten gemacht. Er befestigte eine Granate auf einem Stahlhelm, den er auf seinen Kopf setzte, und zündete sie dann.

Die Rekruten bewunderten ihn dafür, aber sie wussten nicht, dass das eine Übungsgranate mit geringer Ladung an Sprengstoff war.

***

## Wasser nahe der Sahara

Wir mussten mit den Rekruten einen Drei-Tages-Testmarsch unternehmen, mit großem Gepäck, scharfer Munition, Schlafzeug, Verpflegung und Wasser. Das waren alles in allem ca. 40 kg zum Schleppen, einige nahmen sich zusätzlich zum Wasser mehrere Dosen Bier mit.

Das Gelände war bergig und am Rande der Sahara, also schon ziemlich warm, am Morgen nach dem ersten Tag rasierten sich einige mit ihrem Trinkwasser. Als die meisten am zweiten Tag kein Wasser mehr hatten, fing der Handel mit den vollen Bierdosen an, zu horrenden Preisen.

Am dritten Tag gegen Nachmittag, als die Leute fürchterlichen Durst hatten, kamen wir an ein kleines Wasserloch zwischen den Felsen. Alle wollten sich auf das Wasserloch stürzen, doch da alle überhitzt waren, durften sie erst nach zwei Stunden trinken. Meine Aufgabe bestand darin, mit durchgeladener Maschinenpistole dieses Wasserloch zu bewachen.

Nachdem die zwei Stunden vorüber waren, durften alle an das Wasserloch, um ihre Flaschen zu füllen und zu trinken, vorher mussten dem Wasser noch Purifikationstabletten beigefügt werden, um allen möglichen Krankheiten vorzubeugen. Das Ganze war für unsere Neulinge ein lehrreiches Erlebnis, das man sich immer mit dem wichtigsten versorgt – nämlich Wasser.

Wie gesagt, das alles war eine Übung, ohne dass es die Rekruten wussten, die Wasserversorgung war immer garantiert und wir als Ausbilder mussten uns zusammenreißen, damit das keiner bemerkt hat, wie man die Leute erzieht.

***

## Der junge Rademacher

Unsere Ausbildungskompanie wurde auf eine verlassene Farm versetzt, wo es ein unangenehmes Ereignis gab.

Ein Rekrut im Alter von 21 Jahren, in Deutschland verheiratet und Vater eines kleinen Kindes, war völlig ungeeignet für diese harte Ausbildung. Einmal war er schon weggelaufen, wofür er eine Woche in den Bau musste, das war noch eine sehr milde Strafe. Dann bekam er von seiner Frau einen Brief, in dem sie schrieb, er solle sofort nachhause kommen oder sie würde zum französischen Staatspräsidenten gehen. Das war zu dem Zeitpunkt Charles de Gaulle. Die Frau war sich leider nicht im Klaren darüber, dass das unmöglich war. Der Rekrut wusste keinen Ausweg mehr und so kam es zu einer Verzweiflungstat.

Als ich als stellvertretender Posten-Chef zu einer 24-Stunden-Wache eingeteilt war, wurde auch dieser Rekrut mit mir eingeteilt. Mein Teil der Wache fing um Mitternacht an, ich brachte die vier Leute auf ihre jeweiligen Plätze und nahm die anderen, die mit den zwei Stunden Wache fertig waren, zurück in das Wachzelt.

Den jungen Rekruten, sein Name war Rademacher, hatte ich direkt vor die kleine Villa unseres Kompaniechefs postiert. Etwa zehn Minuten nach der Ablösung krachte plötzlich ein Schuss. Da wir mit Überfällen rechnen mussten, waren unsere Leute mit scharfer Munition und mit halbautomatischen Gewehren MAS 56 ausgestattet.

Der Schuss kam von der Villa des Kompaniechefs. Da ich an einen Überfall durch die Rebellen glaubte, schnappte ich mir meine Maschinenpistole und weckte die schon schlafenden Rekruten und auch den Posten-Chef, einen altgedienten Caporal-chef.
Wir liefen alle sofort zu der Villa, von wo der Schuss kam, es war kein Überfall, sondern unser strohblonder Rademacher hatte sich das Leben genommen. Er lag am Boden, das Gewehr neben sich, einen weißen Leinenschal um den Hals - ein grotesker Anblick kurz nach Mitternacht und bei Mondschein. Auf Grund der Querelen seiner Angehörigen hatte er die Waffe unter dem Kinnansatz angelegt und sich von unten in den Kopf geschossen. Die Kugel riss ihm den halben Kopf weg und Teile seines Gehirns lagen verstreut neben ihm. Mein Vorgesetzter, der langgediente Caporal-chef, musste sich bei diesem Anblick übergeben.

Zufälligerweise gab es zum Mittagessen gebackenes Hirn. Man kann sich vorstellen, wie groß der Appetit bei denen war, die alles mit angesehen hatten.

Das Protokoll der Gendarmerie habe ich jahrelang aufgehoben und wollte diese Frau auf ihre Dummheit hinweisen, aber es hätte nichts gebracht, deshalb habe ich es vernichtet.

***

## Personaländerungen

Die Ausbildungskompanie bekam einen neuen Chef. Das war ein Oberleutnant mit einem etwas komischen Gang. Bald darauf machte ein Gerücht die Runde, dass dieser Oberleutnant in Indochina einen Schuss in den Hintern abbekommen hatte. Frei heraus: Der Mann war ein Vollidiot. Die neuen Regeln besagten, dass die Rekruten nicht mehr hart angepackt werden durften. Passierte dies trotzdem, bekamen die Vorgesetzten einen Rüffel.

Eines Tages war ein längerer Marsch ins Gelände angesagt und vor der Kompanie stand eine einsame Kuh herum. Er hat sich in den Kopf gesetzt, die Kuh selbst einzufangen und befahl der Kompanie, sich in einem Kreis um die Kuh herum aufzustellen, um deren Flucht zu verhindern. Er bekam sie am Schwanz zu fassen und sie zog ihn daraufhin durch die Gegend. Das Ganze geschah in Begleitung eines 100-fachen Gelächters der gesamten Kompanie.

Die Unteroffiziere beschwerten sich beim Regimentschef und der Verbleib dieses Idioten dauerte nicht mehr lange an. Hierzu muss man wissen, dass die Unteroffiziere das Rückgrat der Legion waren und sich kein Regimentskommandeur dieses durch die Querelen eines kleinen Oberleutnants zunichtemachen ließ.

Nach diesem kurzen Intermezzo kam ein altgedienter Capitaine und es lief wieder wie am Schnürchen.

***

## Feindlicher Übergriff

Ein weiterer Vorfall ereignete sich bei einer Nachtwache, bei der ich als stellvertretender Wachhabender mit vier Mann losging, um sie an ihre Posten zu bringen. Auf diesem Weg nahm ich die Leute, die mit der Wache fertig waren, wieder mit zurück.

Das Küchengebäude war etwas vom Wachtzelt entfernt. Dort war ein Spanier postiert und nach ungefähr einer Stunde knallte ein Schuss mitten in die Nacht hinein. Ich weckte die gesamte Wachmannschaft auf und machte sie fertig zum Ausrücken. Da knallten noch einmal zwei Schüsse – jetzt war Eile angesagt. Als die Mannschaft zur Stelle kam, an welcher der Spanier seinen Platz hatte, traf ich ihn nur völlig verschüchtert an. Er vermischte in seiner Aufregung Französisch und Spanisch und ich konnte nur daraus entnehmen, dass etwas auf ihn zugekommen war. Er hatte „Halt" gerufen, einen Warnschuss abgegeben, aber sein Angreifer bewegte sich einfach weiter. Daraufhin hatte er noch zweimal geschossen, dann war alles ruhig. Der Mann war völlig durcheinander, es war sein erstes Erlebnis, bei dem er schießen musste.

Nun war es an mir. Ich ging mit großer Vorsicht auf die vom Spanier angezeigte Stelle zu. Doch ich fand nichts weiter außer einer toten Kuh.

Das Ganze hatte noch ein Nachspiel, denn ein Araber vermisste seine Kuh und hatte natürlich auch die Schüsse gehört. Er kam bei Tage mit der Gendarmerie zum Capitaine. Ich wurde geholt und musste ihn über die Vorkommnisse in der Nacht informieren, die ich wahrheitsgemäß schilderte. Der Capitaine einigte sich vorteilhaft mit der Gendarmerie, die einige Tage später zu einem üppigen Essen vom Fleisch dieser Kuh eingeladen wurde. Eigentlich profitierte die ganze Kompanie von diesem Zwischenfall.

***

## 50-Kilometer-Marsch

Nach meiner Nachtwache musste ich am Morgen die Rekruten wecken und hatte dann die Aufsicht im Essensraum. Einer der Rekruten, ein kleiner und schlanker Spanier, benahm sich daneben und warf mit Brotstücken herum. Ich ging auf den Spanier zu und gab ihm eine saftige Ohrfeige, jedoch hatte ich seine Reaktion nicht mit eingerechnet. Er sprang aus dem Stand heraus auf mich zu, packte mich am Hals und wollte mir die Luft abdrücken. Da ich im Nahkampf geübt war, kam wiederum meine Gegenreaktion schneller, als es sich der Spanier vorstellen konnte.

Ich löste mich sehr schnell vom Angreifer und bekam die Oberhand. Der Spanier musste so viel einstecken, dass er gerade noch fähig war, nach dem Frühstück am 50-km-Marsch teilzunehmen. Doch auch für mich war noch nicht alles vorbei. Ich musste mitmarschieren, obwohl ich kaum geschlafen hatte.

Zu meinem „Glück" hat sich die Fersennaht eines meiner Schuhe geöffnet und es ist Sand eingedrungen. Beim Marschieren habe ich mir die Ferse so tief aufgerieben, dass sich eine riesige Wasserblase bildete. Bei einer Rast wickelte ich mir eine Plastiktüte um den Fuß, um überhaupt den Schuh wieder anziehen zu können.

In der Legion werden Märsche zu Ende gebracht - auch mit Problemen.

***

## Fußspuren

Eines Tages hatte ich Wochendienst und war für alles verantwortlich, auch für die Sauberkeit im Schlaf- und Aufenthaltsbereich.

*Sonntagsruhe 1960*
*Ausbildungslager auf einer verlassenen Farm, Sonntagnachmittag, ein paar faule Säcke meiner Section, rechts stehend habe ich mich mit ihnen fotografieren lassen.*
*Später, als ich strafversetzt wurde, habe ich noch eine Kollektivstrafe über die ganzen Rekruten ergehen lassen.*

Der Raum war von den Rekruten gereinigt und noch nass, die Leute waren schon alle im Freien angetreten, da lief ein Rekrut, der etwas vergessen hatte, in den Raum und hinterließ seine Fußspuren auf dem nassen Boden.

Meine Aufgabe war, unserem Leutnant die angetretenen Rekruten zu präsentieren. Nach der Präsentation im Freien inspizierte er die Räumlichkeiten, ob alles in Ordnung sei, natürlich war es das wegen der Fußspuren nicht.

Er verpasste mir über den Kompaniechef sieben Tage Bau und eine Strafversetzung in ein Einsatzregiment. Auf Grund dieser Strafe habe ich eine erzieherische Kollektivstrafe an den 49 Rekruten vollzogen, die folgendermaßen geschah: Am Abend ließ ich alle Schuhe einsammeln und in die Latrine werfen, die Latrine war ein Graben im Freien von etwa vier Metern Länge und etwa einem Meter Tiefe, der für die Notdurft ausgehoben war.

Was nun folgte, war ganz einfach: Mitten in der Nacht mussten alle raus, die Schuhe, es waren ungefähr 200 Stück, aus der Latrine holen und bis zum frühen Morgen gereinigt unter das Bett stellen. Diese Maßnahme mag gemein klingen aber man muss verstehen, dass dieser zusammengewürfelte Haufen auch Disziplin lernen musste.

Das war mein Abschiedsgeschenk, trotzdem war ich nicht traurig, denn die ganzen Ausbildungssachen konnte ich nicht mehr ausstehen und ich war heilfroh, wenn auch mit einer Strafe, versetzt zu werden.

***

## Zur 2. CPLE

Nach drei Tagen musste ich mit noch zwei anderen Legionären einen Zug in Richtung tunesische Grenze besteigen.

Vorher musste ich meine ganzen Ausrüstungsgegenstände und alle Uniformen abgeben bis auf das, was wir auf der langen Reise brauchten.

Die Bahnfahrt führte uns von Mascara nach Bône über Relizane, Bou-Kadir, Boufarik bei Algier, dann wieder nach Süden über Bouira,

Mansoura, Bordj Bou Arreridj, Sétif und Telergma, dann wieder nach Osten über Aïn-Charchau.

Endstation war Bône, es waren insgesamt 2.300 km Bahnstrecke, viele Orte heißen heute anders und viele davon habe ich vergessen.

Die Fahrt dauerte drei Tage mit sehr vielen Aufenthalten auf den Bahnhöfen. Versorgen mussten wir uns selbst, und das war nicht immer sehr einfach: Wir sprachen sehr wenig Französisch und die Araber verstanden auch sehr wenig oder wollten mit uns nichts zu tun haben.

Als wir endlich in Bône, einer alten Stadt im französischen Stil erbaut, nahe der tunesischen Grenze ankamen, wurden wir schon am Bahnhof von der Legion abgeholt und sofort auf die Kompanien verteilt.

Meine Kompanie war die 2. CPLE, das heißt *Compagnie portée Légion étrangère*[2], vom vierten Einsatzregiment, die Fahrzeuge waren saharagelb.

*

Als ich in die Section eingeteilt wurde, war ich noch Legionär 2. Klasse. Der Caporal, ein Italiener, erklärte mir alles und teilte mich, wie es für einen Neuen üblich war, zum Essen-Holen und -Verteilen und zum Saubermachen ein und was sonst noch so anfiel, zur Ausübung dieser Arbeiten kam es jedoch nicht.

Es kam ein Sergent und sagte zu mir, dass ich zum Rapport zum Kompaniechef müsse. Auf dem Weg dahin hatte ich schon ein schlechtes Gewissen und fragte mich, was ich wohl wieder angestellt hatte.

2 Motorisierte Infanteriekompanie

Der Kompaniechef war Capitaine Pompidou. Später erfuhr ich, dass er der Onkel des späteren Präsidenten von Frankreich, nämlich Georges Pompidou, war.

Nun, bei diesem Rapport erfuhr ich den Grund, warum ich mich vorstellen musste. Da ich zu diesem Zeitpunkt 18 Monate Dienstzeit hinter mir hatte, wurden mir meine hart verdienten Grünen Doppelwinkel für den Grad Caporal überreicht.

Ab hier hat sich mein Leben schon wieder in die Richtung verändert, die mir Adjudant Toller am Anfang nahegelegt hat.

Als ich in die Section zurückkam, die übrigens in einer alten Maschinenhalle eines verlassenen Weingutes untergebracht war, sagte ich dem italienischen Caporal, er solle doch andere für die Drecksarbeit einteilen.

Diese Unterkunft als Basis für die Kompanie auf einem Weingut mit noch zum Teil gefüllten riesigen Betonsilos voller Rotwein ... Man kann sich denken, wie die Legionäre sich bedient haben. Manche hatten einen 20-Liter-Kanister voll mit Rotwein neben dem Feldbett stehen und so manche Wasserflasche am Gürtel war auch voll mit Rotwein. Das habe ich in meiner Gruppe jedoch nicht zugelassen, wenn wir im Einsatz an der Grenze waren, denn ein besoffener Soldat ist nicht zuverlässig.

Unsere Hauptarbeit war, den Grenzzaun mit 5.000-Volt-Stacheldraht und mehreren Minengürteln auf der algerischen Seite zu sichern und das Eindringen von Rebellen von der tunesischen Seite her zu verhindern.

Die Rebellen sprengten oft den Zaun in die Luft und kamen dann entweder in kleinen Trupps oder auch mit mehreren hundert Mann starken Trupps durch den Zaun.

In unseren Bunkern, besetzt mit ca. sechs Mann und MG mit Infrarot-Zieleinrichtung, waren wir fast machtlos. Wenn wir zu sehr in Bedrängnis waren, dann wurde Artillerie vom Kaliber 105 mm und 155 mm und, wenn nötig, auch Flugzeuge angefordert, um uns zu unterstützen.

Oft hatten wir auch im Niemandsland hinter dem Zaun Einsatz, dann lagen wir auf der Lauer, ob Rebellen kommen würden, die immer in kleinen Trupps die Lage an der Grenze erkundeten. Wir haben sie fast immer erwischt, aber das ewige Lauern in der Nacht war für uns auch gefährlich.

Die Moskitos plagten uns sehr, ab und zu schlief einer ein und wenn er hochschreckte, schoss manch einer unkontrolliert in die Dunkelheit. Es war auch der Fall, dass man etwas hörte und einer fing an zu schießen und alle anderen in der Section machten mit. Bei Tagesanbruch kam dann die große Überraschung, da lag dann ein ganzes Rudel Wildschweine am Boden – für diese Heldentaten erhielten wir kein großes Lob.

***

# Im Korkeichenwald - Biwak 1961

*Im Korkeichenwald, Biwak 1961.*
*Von diesem Wald aus haben wir viele Einsätze zur tunesischen Grenze unternommen und, wie schon beschrieben, auch viel Spaß gehabt.*

*Spezialkost*
*Der Mann auf der rechten Seite ist ein Schwabe und er hat immer gut gekocht. Links bin ich diesmal als Küchenhelfer zu sehen.*

*Brutzeln im Korkeichenwald.*
*Unser Zeltlager mitten im Korkeichenwald nahe der Grenze, im Hintergrund ein 18-Mann-Zelt, im Vordergrund werden leckere Sachen zubereitet.*

*Kompanie-Übergabe an der tunesischen Grenze.*
*Im Vordergrund Capitaine Pompidou, dahinter ein Teil der 2. Kompanie vom 4. Regiment. Capitaine Pompidou übergibt das Kommando an seinen Nachfolger Oberleutnant Bontete.*

*Abschreiten der Kompanie durch den neuen Kommandeur.*
*Der neue Kommandeur Oberleutnant Bontete bei der Inspektion der übernommenen Kompanie. Die Panzerspähwagen haben uns mit ihren 37mm-Kanonen und den verschiedenen MGs oft in heiklen Situationen unterstützt.*

***

## Mein Freund Helmut

Das Schlimmste, was mein Freund Helmut erlebt hat, war in einer anderen Kompanie, aber im gleichen Regiment.

Sein Sektionschef, ein Leutnant, hatte einen Spähtrupp in die Dunkelheit geschickt. Der Spähtrupp bestand aus einem Sergent-chef und zwei Legionären. Als der Spähtrupp wieder zurückkam, hat der junge Leutnant meinem Freund befohlen zu schießen, im festen Glauben, es seien Rebellen.

Der Sergent-chef und die zwei Legionäre waren sofort tot, das war ein schlimmer Schock für alle.

Mein Freund hatte aber einwandfreie Zeugen für den Schießbefehl, er bekam acht Tage Urlaub und der Leutnant ging nach Frankreich vors Militärtribunal.

*Helmut (li.) und ich trafen uns für ein paar Minuten während eines Platzwechsels der Kompanien.*

***

## Putschversuch 1961

1961 ging mit heftigen Unruhen und einem Putschversuch in Algerien alles durcheinander. Das Land wollte zurück in die Unabhängigkeit und das mit allen Mitteln, wie es schien. OAS-ALN-FLN[3], die Legion, reguläre Truppen, Algerien-Franzosen und die Gendarmerie waren beteiligt - und jeder hatte andere Interessen.

Die OAS und auch die Algerien-Franzosen hatten das Interesse, dass Algerien von Frankreich nicht aufgegeben wird, und viele Legionäre waren heimlich dabei, um ihre eigenen Interessen, nämlich in Algerien zu bleiben, zu unterstützen.

Die OAS rief am 21. April 1961 einen Staatsstreich gegen Frankreich aus, doch dieser Putsch brach nach bereits 5 Tagen wieder zusammen. Ihm folgten Monate voller Attentate, Anschläge und Demonstrationen.

Die französische Regierung begann mit der FLN Verhandlungen zu führen. Präsident de Gaulle versprach der Gegenseite die Souveränität des Landes und letztendlich auch die politische Alleinvertretung durch die FLN zu. Im März 1962 erhielt Algerien, trotz aller Auf- und Widerstände, die Unabhängigkeit von Frankreich.

Ein Kommando der OAS plante am 22. August 1962 ein Attentat gegen den Präsidenten de Gaulle, der jedoch unverletzt blieb. Der Anführer dieses Mordanschlags, Oberstleutnant Jean Bastien-Thiry, wurde gefasst, verurteilt und hingerichtet - das ist bis heute die letzte Hinrichtung in Frankreich durch ein Erschießungskommando.

---

3 OAS: Organisation de l'armée secrète (Organisation der geheimen Armee) – französische Untergrundbewegung von Offizieren und Generälen gegründet, die muslimische Algerier, welche die Unabhängigkeit ihres Volkes anstrebten, und den französischen Staat bekämpften. Algerien sollte nach ihren Vorstellungen unter französischer Führung verbleiben.
FLN: Front de Libération Nationale (Nationale Befreiungsfront) – algerische Partei, die aus einer früheren Befreiungsbewegung heraus entstand.
ALN: Armee de Libération Nationale (Nationale Befreiungsarmee) – Armee der FLN.

Das 1. Fallschirmjägerregiment der Legion, kurz 1. REP genannt, wurde aufgelöst, als sie nach Paris fliegen wollten, um de Gaulle abzusetzen.

Meine Einheit hat die gesamte Gendarmerie in Thierville festgesetzt, das war aber ein Akt zwischen guten Bekannten und lief friedlich ab.

***

## Ausrüstung

Die Kompanie hatte vier Sektionen, plus eine Sektion, die mit fünf Panzerspähwagen ausgerüstet war. Die Spähwagen waren amerikanischer Bauart mit drei Achsen, Gummibereifung und zur Bewaffnung einer Kanone vom Kaliber 37 mm, die verschiedene Munition verschießen konnte. Oben auf dem Turm des Fahrzeugs war ein schweres Maschinengewehr Kaliber 12,7 mm befestigt und aus dem Turm heraus ragte ein leichtes Maschinengewehr vom Kaliber 30.

Die restlichen Sektionen waren ausgerüstet mit je einem Kommandowagen vom Typ 4x4 Dodge. Die Fahrzeuge waren mit einem Chauffeur, dem Sektions-Chef als Beifahrer und dahinter dem Funker besetzt, mit einem fest installierten Funkgerät und einem tragbaren, dass er auf seinem Rücken mitnahm, wenn es ins Gelände ging.

Das Gerät hatte die Bezeichnung AN/PRC 10 mit verschiedenen kurzen und langen Antennen. Es wog 11 Kilo und hatte, je nach Gelände, eine Reichweite von 5 bis 20 km.

Meist war auch der Stiefelputzer des Sektions-Chefs mit auf dem Wagen.

Der Rest der Sektion hatte bis zu fünf Mannschaftswagen vom Typ 6x6 Dodge. Diese Dreiachser wurden meist ohne Plane gefahren. Zur Besatzung gehörten ein Fahrer, als Beifahrer ein Unteroffizier oder Caporal als Chef de voiture und hinten die jeweiligen Équipes. Die Ladung bestand aus 8 Kanistern Benzin und mehreren Kanistern mit Wasser. Dieses Wasser war aber nicht zum Trinken geeignet, sondern für die Fahrzeuge. Die Beifahrer waren mit Funkgeräten vom Typ TRPP 8 ausgestattet, die sehr große Batterien besaßen. Sie wurden verbotenerweise oft für den Betrieb von Elektrorasierern benutzt. Ihre Reichweite betrug ca. 2 km und man konnte damit auch die fest installierten Geräte in den Fahrzeugen und die tragbaren Funkgeräte erreichen.

***

## Hinterhalt

Nachdem ich, wie bereits beschrieben, nun erst kurze Zeit Caporal und Chef einer Equipe choc gewesen war, kam an einem sehr warmen und schwülen Tag gleich am Morgen ein Einsatzbefehl an der tunesischen Grenze, für einen Hinterhalt im Niemandsland.

Wir haben uns vorbereitet - wie immer genug Munition, Wasser, Tagesverpflegung - dann ging es los. Die ganze Kompanie auf unsere offenen Fahrzeuge aufsitzen, wie auch die Abteilung mit fünf Panzerspähwägen beteiligt war. Die Regulären machten das Tor am elektrischen Stacheldraht auf, wir fuhren in das Niemandsland ein, hinter uns wurde das Tor wieder geschlossen und alles unter Strom gesetzt. Als wir nach einigen Kilometern vor einer kleinen Hügelkette ankamen, mussten wir absitzen und zu Fuß bis auf den Kamm der Hügelkette hinaufgehen. Dort haben wir uns im Buschgelände verteilt und das Gelände erkundet. Alles musste sehr leise und versteckt ablaufen. Nachdem wir feststellten, dass niemand von unseren *Freunden* vorhanden war, verteilten wir uns entlang einer Schneise, die durch den Busch ging. Alle auf einer Seite, damit wir auf die gegenüberliegende Seite freies Schussfeld hatten. Ein Panzerspähwagen kam über den Kamm des Hügels und er wurde so platziert, dass er die ganze Schneise exakt als Schussfeld hatte. Er wurde vollkommen mit Gebüsch getarnt.

Als alles am Platz war, begann die große Warterei. Wir saßen im Gebüsch und hatten wegen der Schwüle einen sehr starken Durst. Hinzu kam, dass wir in diesem Gebüsch keine große Sichtweite hatten, was obendrein nervte. Die Wartezeit war für uns alle eine Tortur.

Aber dann am späten Nachmittag – wir glaubten nicht mehr daran, dass noch etwas passieren würde – ein großer Knall, der vom Spähwagen kam und uns alle aufweckte. Da wussten wir, dass unsere *Freunde* vom Spähwagen ins Visier genommen wurden: Die schossen mit der 3,7cm-Kanone einen Kanister ab und nahmen mit ihrem 12,7mm-MG und dem leichten MG die ganze Schneise unter Beschuss. Dann kam unser Einsatz. Wir hatten ja freies Schussfeld auf die gegenüberliegende Seite, und die ganze Kompanie legte mit allen MGs, MPs und Gewehren los, es kam aber keinerlei Gegenwehr. Dann kam ein lauter Befehl vom Kompaniechef: Feuer einstellen und die ganze Schießerei hat nur ein paar Minuten gedauert.

Wir stürzten auf die Schneise und ich sah einen Angehörigen der ALN auf dem Boden liegen, neben ihm eine italienische Maschinenpistole Beretta. Er selber lag auf dem Bauch und hatte eine Hand unter seiner Brust versteckt. Wir waren immer darauf hingewiesen worden, bei so einer Situation sehr vorsichtig zu sein, da sehr oft von diesen Leuten eine Handgranate versteckt in den Händen gehalten wurde – d.h. wenn man sie umdrehte, kam die Granate zur Explosion.

Also was tun? Ich hielt meine Maschinenpistole an seinen Kopf, um auf Nummer sicher zu gehen. Ich wollte ihn auf keinen Fall töten, denn gefangene Späher waren für uns wichtig, weil wir sie verhören konnten.

Im gleichen Augenblick, als ich die Maschinenpistole an den Kopf des Mannes hielt, um meine Sicherheit zu gewährleisten, bekam ich einen sehr harten Stoß in meinen Rücken, sodass ich mich beim Stolpern umdrehte und beinahe abgedrückt und damit den Idioten von einem Sergenten aus Versehen erschossen hätte. Er schimpfte mich fürchterlich, weil er dachte, ich wolle den Mann erschießen. Als er verstand, warum ich das gemacht hatte, war eine weitere Diskussion nicht mehr nötig.

Ich habe an der Hand von diesem toten Mann gesehen, dass er den ganzen Daumen weg hatte und die Schlagader zerfetzt war. Er ist verblutet.

Nachdem alles geklärt war, habe ich den Toten durchsucht, etwas Geld und Papiere gefunden. Beides habe ich an meinen Vorgesetzten weitergegeben. Der Mann hatte auch einen Spiegel dabei, den haben diese Leute benutzt, um sich zu verständigen. Den Spiegel habe ich sogar mit nach Deutschland genommen.

Der Tote hatte auch noch eine Pistolentasche umhängen, die war nur mit 9mm-Munition für seine Beretta gefüllt.

Die restlichen ALN-Angehörige sind im Gebüsch verschwunden. Wir suchten noch das gegenüberliegende Gelände ab, aber ohne Erfolg. Nach einigen Tagen wurde das Gelände nochmal gründlich durchsucht. Dabei fanden wir noch einen weiteren Toten, der ebenfalls verblutet war.

Nach einigen weiteren Tagen kam mein Gruppenführer, ein Sergent, zu mir und wollte unbedingt die Pistole des Toten, denn er glaubte, wenn einer eine Tasche umhängen hat, dann muss er auch eine dazugehörige Pistole haben. Ich konnte ihn überzeugen, dass ich keine Pistole gefunden hatte.

***

## Einsatz an der Grenze

Als wir im Einsatz an der tunesischen Grenze waren, hatten wir eine schlimme Nacht. Es waren ALN-Kämpfer durch die Grenzsicherung durchgebrochen. Unsere Section war auf der einen Seite eines Flusses, da bekam ich den Befehl, mit meiner Gruppe auf der anderen Flussseite einen Schwerverletzten zu bergen. Die Kollegen auf der anderen Seite waren verschanzt auf einem kleinen Platz mit Büschen und Felsen, die sie als Deckung benutzten. Von der vorderen Seite aus wurden sie sehr stark beschossen - unter dem starken Beschuss war auch der schwerverletzte Legionär, den ich holen musste.

Meine Gruppe und ich mussten zunächst den Fluss überqueren und wir kamen dann auf offenem Gelände auf unsere Kollegen zu. Als sie bei unserem Näherkommen anfingen, das Feuer auf uns zu eröffnen - denn sie dachten, sie würden jetzt von der Rückseite aus angegriffen -, legten wir uns sofort flach auf den Boden, denn es gab keinerlei Deckungsmöglichkeiten, und ich schrie in deutscher Sprache, sie sollen sofort das Feuer einstellen. Nach diesem unangenehmen Irrtum, der zum Glück ohne Folgen für uns blieb, konnten wir den sehr schwer am Bauch Verwundeten zurück über den Fluss bringen.

Da Menschen, die am Bauch verwundet sind, sehr starken Durst haben, hat der Verwundete bei der Flussdurchquerung, ohne dass wir es bemerkten, mit seiner Hand Wasser geschöpft und getrunken. Er ist uns noch vor Erreichen des Sanitätswagens gestorben. Die ganze Nacht hindurch haben Flugzeuge so genannte Christbäume an Fallschirmen abgeworfen, um alles taghell zu erleuchten. Es wurden auch Bomben und Artillerie eingesetzt und wir waren so in Munitionsnot, dass ein Sanitätsauto verbotenerweise für den Transport eingesetzt wurde, denn die anderen Fahrzeuge waren vor dem Stacheldraht abgestellt.

***

## Demonstration

Als in Bône, dem heutigen Annaba, eine große Demonstration auf den Straßen der Stadt zugange war, wurden wir mit der ganzen Kompanie in Alarm versetzt und mussten sofort ausrücken.

In aller Eile nahmen wir von unseren Grabwerkzeugen die Stiele der Pickel heraus – am Ende der Stiele war schon bei früheren Einsätzen ein Loch gebohrt worden, um eine Schnur zu befestigen. Diese Pickelstiele waren für diejenigen vorgesehen, die eine Maschinenpistole an einer Kette am Gürtel befestigten. Wer ein Gewehr trug, musste sich den Gewehrriemen am Handgelenk festmachen.

Von unserer Basis war es nicht weit und wir erreichten ziemlich schnell die Innenstadt.

Als dann die Demonstration völlig aus dem Ruder lief, gingen die Demonstranten auf uns los. Einer von ihnen hat einem Legionär neben mir das Gewehr aus der Hand gerissen, obwohl es am Arm befestigt war. Damit schlug er wild um sich und traf mich mit dem Kolben voll auf die Schnauze. Der Schlag hat mich umgehauen und im Fallen sah ich noch, wie mein Gruppenführer, ein Sergent, diesen Mann erschoss. Meine Kollegen haben mich außer Reichweite der aufgebrachten Menge gebracht und mit einigen Pflastern mein Loch in der Oberlippe versorgt, durch das ich die Zunge strecken konnte. Anschließend begab ich mich etwas vorsichtiger in die Menge und es hat noch viele dicke Schädel vom Stiel des Pickels gegeben.

Die Narbe vom Schlag auf meine Lippe sieht aus wie ein Mercedes-Stern und man kann sie immer noch sehen.

***

## Patrouillen 1961

Wir machten unzählige Patrouillen im Inneren des Landes und durchsuchten Dörfer, um Rebellen aufzuspüren. Des Öfteren gab es Getreidesilos im Boden, die aber sehr gefährlich wegen der Stickluft beim Durchsuchen waren.

In den Bergen gab es auch viele Höhlen und Grotten, die im Notfall ausgeräuchert oder gesprengt wurden.

Bei den Durchsuchungen in den Dörfern, auf den Feldern und im Gelände wurden viele Männer festgenommen, manchmal ganze Lastwagen voll. Diese Männer kamen dann in die Kaserne zur Überprüfung. Es kamen Straßensperren, Durchsuchungen von Fahrzeugen und auch die Franzosen in Zivil wurden gefilzt.

Dann Nachtpatrouillen in den Städten – es galt Ausgangsverbot ab 22

Uhr bis 6 Uhr morgens und wer erwischt wurde, ist verhaftet worden. An den Stadträndern machten wir auch nächtliche Hinterhalte, um eventuelle Eindringlinge zu überraschen und außer Gefecht zu setzen.

*Patrouille in den Bergen.*
*Ein schwieriger Einsatz in bergigem Gelände mit schwerem Rucksack, ausreichend Munition, Verpflegung, Wasser und Schlafzeug. Da kommt man ins Schwitzen. Ich war der Vorletzte.*

Manchmal erbeuteten wir von illegalen rebellischen Grenzgängern aus Tunesien tunesische Dinare, die waren viel mehr wert als die algerischen Francs. Dieses erbeutete Geld wurde dann an die Kompanie übergeben und es gab dann extra viel Essen und Trinken für alle.

Es kamen aber andere angenehmen Seiten zum Zuge: das war dann 24-Stunden-Urlaub in den Bars und Restaurants. Wir hatten inzwischen gelernt, wie gut man französisch essen und wie man sich in den Bordellen amüsieren kann. Man musste ja den Sold loswerden, denn keiner wusste, ob er den nächsten Tag überlebt.

Anfang der sechziger Jahre hatte ein Legionär etwa 300 Francs, ein Caporal ca. 650 Francs und ein Sergent 1.200 bis 1.400 Francs. Das war umgerechnet in DM eins zu eins, also man musste sich nicht sehr stark anstrengen, den Sold auf den Kopf zu hauen.

*Nach einem gelungenen Einsatz an der Grenze wurden die erbeuteten tunesischen Dinare in Essen und Trinken für die ganze Kompanie umgesetzt. Das war immer eine kleine Belohnung. Auf der linken Reihe von links nach rechts der Zweite, mit dem Rücken zu den anderen, das war meine Wenigkeit. Vor den Tischen sieht man die Holzkisten, in denen das Bier drin war.*

***

## Freizeit am Meer

*Freizeit am Meer zwischen den Einsätzen im Jahr 1961. Im Hintergrund Kakteen, die gab es wie Sand in der Sahara. Der Reifen, auf dem ich sitze, war ziemlich heiß. Diese Freizeiten haben wir oft in der Stadt La Calle, direkt an der tunesischen Grenze, am Meer verbracht. Dort wurde auch unser Wasser, das wir im Biwak gebraucht haben, geholt.*

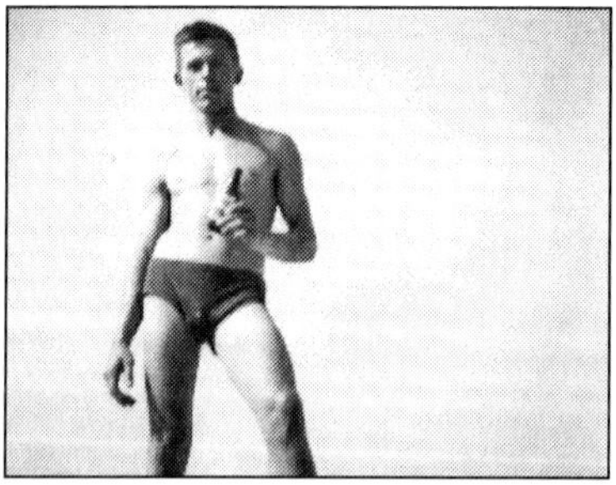

***

## Führerschein

Irgendwann kam unser Sektionschef und sagte, alle Korporäle müssten den Führerschein machen, damit sie als Fahrzeugchef Verantwortung übernehmen können.

Das ganze spielte sich so ab: eine Woche Theorie, und dann praktische Einweisung in der Form, dass wir mit einem Dodge Dreiachser 6+6 mit aufgebauter Plane unsere Fahrstunden machten.

Unser Fahrlehrer, ein Sergent, hat uns alles beigebracht, damit wir die Fahrzeuge einigermaßen bedienen konnten. Und als wir so in der Gegend herumfuhren, hat uns dieser Sergent auch noch beigebracht, wie man Schafe klaut.

Neben der Straße sahen wir ein paar Schafe, die am Fressen waren, und der Sergent fragte, ob einer ein Messer dabei hat. Wir hatten. Dann musste einer abspringen, sich das Schaf greifen und es auf den langsam fahrenden Wagen werfen. Während der Fahrt wurde das Schaf getötet und nachher im Biwak wurde die Motorhaube aufgemacht, um uns über den Motor zu unterrichten; zur gleichen Zeit wurde das Schaf im Inneren des Wagens zerlegt und anschließend gab es für die ganze Kompanie einen guten Hammelbraten.

Meinen Führerschein habe ich für die damalige Klasse 3, also für PKW, leicht geschafft, aber für die Klasse 2, für LKW, habe ich es durch meine Leichtgläubigkeit nicht geschafft. Der Grund dafür war: Mein Fahrschulprüfer - ein Offizier, der neben mir saß - sagte zu mir, ich solle mit dem Dodge Dreiachser rückwärts über eine kleine Brücke fahren. Das tat ich, indem ich mich hinausbeugte und aus Mangel an Spiegeln nach rückwärts schaute und auch einwandfrei drüben angekommen bin.

Der Offizier, ein Leutnant, ließ mich aussteigen und erklärte mir, was mein Fehler war - ich hätte ihn auffordern müssen, dass er mich einweist.

Trotzdem war ich ganz froh, dass ich durchgefallen bin, denn später im Zivilleben musste ich keine LKWs fahren.

***

## Wie der Zufall es wollte

Mein tief greifendes Erlebnis bei einem Einsatz im Hinterland, wo die Farmen und Plantagen waren, hat mein Leben dahingehend beeinflusst, dass ich an Zufälle glaube.

Es kam Alarm. 5 Sikorsky Hubschrauber waren schon unterwegs, um fünf Gruppen mit je sechs Mann aufzunehmen. Ein Hubschrauber mit meinen fünf Legionären und mir war kaum besetzt, da flogen wir schon los, offenbar war es sehr eilig.

Wir hatten beim Losfliegen sehr wenige Informationen, wir wussten nur so nebenbei, dass eine Farm überfallen worden war.

Als wir landeten, sahen wir sofort das Massaker an den Farmbesitzern. Es waren Algerien-Franzosen, sogenannte Schwarzfüßler[4], darunter zwei Großeltern-Paare und die Eltern und zwei Jungs im Alter von etwa 12 und 15 Jahren.

4 Mit „Schwarzfuß“ bezeichnet man seit den 1950er Jahren Algerienfranzosen, auch „Pieds-noirs“ genannt.
Seit der Eroberung Algeriens durch Frankreich 1830 werden weiße europäische Siedler in diesem Land angesiedelt. Diese Bevölkerungsgruppe wurde zuvor schlicht als „Colons“ (Siedler) bezeichnet.

Alle lagen im Freien total verstümmelt da, eine genaue Beschreibung möchte ich hier nicht abgeben, es war grauenhaft auch für uns, die wir schon vieles mitgemacht hatten.

Ein Befehl an mich und meine Gruppe, wir sollten die Farm gründlich durchsuchen.

Nach einiger Zeit kam ich an einen Schuppen, dort angekommen fand ich ein total verängstigtes Mädchen, die schwarzen Haare im Gesicht, verschwitzt und im Bauchbereich zwei Wunden, die am Bluten waren.

Da wir nicht viel Zeit verlieren durften, um die Übeltäter noch zu finden, trug ich das Mädchen sofort auf meinen Armen zu den Hubschraubern. Dort würde sich ein Sanitäter kümmern. Bis ich aber dahin gekommen bin, klammerte sie sich immer noch von Angst gepeinigt an meinem Hals fest.

Das Mädchen war etwa 19 bis 20 Jahre alt und die einzige Überlebende, sie wurde sofort mit einem Hubschrauber weggeflogen, in Begleitung einer Gruppe von Legionären.

*Das ist das Mädchen, das ich nach einem Überfall und einem Massaker auf einer Farm 1961 verwundet in einem Schuppen fand. Der Zufall wollte es, dass ich sie wiedergesehen habe. Das Foto wurde 1964 in Straßburg am Rhein gemacht.*

Mit den restlichen Hubschraubern stiegen wir sofort auf und flogen in breiter Front los, um die Mörder zu finden. Sie wurden von uns bald gesichtet, sie waren ja im offenen Gelände zu Fuß unterwegs. Sie waren mit allen möglichen Werkzeugen und einigen Gewehren, Pistolen und Messern bewaffnet, die sie den Farmern abgenommen hatten.

Es waren 18 Mann, alles Farmarbeiter von der überfallenen Farm, wir kreisten sie ein und nahmen sie dann, als wir ausgestiegen waren, in die Zange. Und der Rest war nicht schwer.

Von diesen 18 Mördern hat keiner überlebt, solche Vorfälle hat es sehr oft gegeben, deshalb darf sich niemand wundern, wenn man mit solchen Mördern sehr hart umgegangen ist.

Ein alter Indochina-Kämpfer, der Dien Bien Phu miterlebt hat und auch in vietnamesischer Gefangenschaft war, sagte mir, als er mit so einer Situation von Massakern an Zivilisten konfrontiert war, dass es so etwas im Indochina-Krieg nicht gegeben hat.

***

## Meine erste Verwundung

Die erste Verwundung, die ich mir zugezogen habe, stammte nicht aus einem Kampfeinsatz. Meine Sektion befand sich in einem Zeltlager direkt neben einer Batterie 155 mm Artillerie. Mitten in der Nacht fingen diese an zu schießen. Es gab einen Knall, und den Druck des Abschusses spürte man im Zelt, welches stark wackelte.

Ich hatte am Abend zuvor mit meinen Kollegen noch ein wenig dem Rotwein zugesprochen und nahm den Krach der Kanone etwas benommen war. Ich wusste nicht sofort, was los war, und stürzte nur in Unterwäsche schlaftrunken aus dem Zelt. Vor dem Zelt waren die

Zeltheringe eingeschlagen. Sie standen aus dem Boden heraus und waren so zerschlagen von den schweren Hämmern, dass Metallsplitter, so scharf wie Rasierklingen, seitlich wegstanden. Ich stolperte über eine Leine und schlug mit meinem Knie direkt auf einem Zelthering auf. Eine 10 cm lange, klaffende Wunde am Knie war das Resultat. Nach diesem Pech ging ich ins Zelt und ließ mich vom Sanitäter behandeln. Das Verwundeten-Abzeichen bekam ich für diesen selbstverschuldeten Unfall natürlich nicht.

***

## Begegnung

Wir hatten immer wieder Einsätze an der Grenze, vor allen Dingen nachts im Niemandsland, um die illegal eindringenden Rebellen, die von der tunesischen Seite herüberkamen, abzufangen.

Da gab es auch ein lustiges Ereignis. Es fehlte, nachdem wir eine ruhige Nacht verbracht hatten, beim Rückzug aus dem Niemandsland ein Legionär. Als wir das bemerkt hatten, gingen wir mit einer kleinen Gruppe zurück, um ihn zu suchen, denn es hätte ja ein Deserteur sein können, dem war aber nicht so.

Als es kurz darauf Tag geworden war, ist er ziemlich schnell auf uns zugekommen und erklärte uns, er sei schlaftrunken in die andere Richtung gelaufen, ohne zu bemerken, dass er dabei auf die falsche Seite geraten ist, und auf einmal war auch ein einzelner Angehöriger der Rebellen aufgetaucht. Beide hatten sich enorm erschreckt und beide haben vor lauter Hektik vergessen zu schießen, das war Glück für beide. Jeder dachte vielleicht, es kommen noch mehr hinterher, und beide rannten wieder in die richtige Richtung.

Nachdem wir mit unserem Pechvogel wieder bei der Kompanie angekommen waren und dem Kompaniechef alles erklärt hatten, gab es natürlich ein riesiges Spottgelächter.

***

*Nothelfer Artillerie 1961.*
*Diese Nothelfer waren die Artillerie-Batterien, die entlang der tunesischen Grenze aufgestellt waren, oder die mobilen Batterien, die im ganzen Land nach Bedarf unterwegs waren. Es waren immer Kaliber 105 mm mit einer Reichweite von ca. 35 bis 45 km.*

*Sikorsky im Schnelleinsatz 1961.*
*Sikorsky Hubschrauber, mit denen wir oft zu unseren Blitzeinsätzen geflogen wurden, welche auch zur Wildschwein und Hirschjagd benutzt wurden oder auch zum Abtransport von Funden aus den Römergräbern.*

*Bananen-Hubschrauber für den Großeinsatz.*
*Bei größeren Einsätzen wurden die sogenannten Bananen-Hubschrauber benutzt – die konnten mehr Soldaten befördern. Bei einigen Einsätzen wurden auch Suchhunde mitgenommen, um die Rebellen in den Höhlen, Grotten und Erdlöchern aufzuspüren.*

*Mirage IV, die schnelle Truppe 1961.*
*Diese Mirage IV von der Luftbasis Oran La Siena waren unsere Nothelfer, wenn wir in brenzligen Situationen waren und es sehr schnell gehen musste.*

***

## Vom Richtungsgeschoss bis Erpresser

Man hat auch immer wieder Glück im Leben. Die ganze Kompanie war auf einem Berggrat direkt an der tunesischen Grenze. Wir konnten mit Ferngläsern beobachten, wie auf tunesischer Seite von mehreren Rebellen Granatwerfer in Stellung gebracht wurden, mit denen sie uns unmittelbar beschossen, aber vorerst mit wenig Erfolg.

Da unsere Kompanie keine schweren Waffen dabei hatte, hat unser Kompaniechef Oberleutnant Bontete Artilleriebeschuss über Funk angefordert. Ich stand neben ihm, um einen Befehl entgegenzunehmen, da krachte ein Geschoss vom Kaliber 155 mm 20 Meter von uns entfernt auf den felsigen Boden. Zum Glück war es ein Richtungsgeschoss, das nicht explodierte, trotzdem spritzten die Felsbrocken durch die Gegend, die zwar niemanden verletzten, wir waren aber kreidebleich vor Schrecken.

*

## Notwehr

Mein Gruppen-Chef hatte Urlaub und wollte in die Stadt Bône. Er kam zu mir und sagte, dass er den 45er Colt Automatik vom Sektions-Chef samt Munition haben möchte. Ich schloss die große Kette, an der alle Waffen der Sektion festgemacht waren, auf und übergab dem Sergent Durand-Dovilez die Waffe.

Als der Sergent von seinem Urlaub zurückkam, gab er mir mit blutbespritzter Ausgehuniform die Waffe zurück und meinte, dass er in der Stadt Ärger mit Demonstranten gehabt habe. Diese gingen auf die Legionäre los und einer der Demonstranten warf einen Hammer an die Brust des Sergents. Im Anschluss griff die gesamte Meute an und der Sergent zog den Colt. Er schoss dem Hammerwerfer direkt in den Kopf und die Demonstranten ließen von den Legionären ab.

Es gab ein Nachspiel – die Gendarmerie hatte den Vorfall mitbekommen und stellte Nachforschungen an. Sergent Durand-Dovilez wurde wegen erwiesener Notwehr freigesprochen. Aufgrund der Pistole, die er unerlaubt mitgenommen hatte, bekam er kompanieintern sieben Tage Bau. Ich ging ohne Strafe aus, obwohl ich die Waffe ausgehändigt hatte, jedoch tat ich dies ja auf Befehl.

*

Es kam eine Meldung von Arabern, die von ihren eigenen Leuten, nämlich der ALN, ausgepresst wurden, um Geld für den Widerstand zu bekommen. Die Meldung besagte, dass die Erpresser sich in einem großen Buschgelände befanden.

Unsere Section bekam die Order, dieses Gebiet zu durchkämmen und diese Leute zu finden.

Am zweiten Tag unseres Einsatzes bekamen wir einen Hinweis von einem Aufklärungsflugzeug, dass Rauch in unserer Nähe zu sehen sei: Wir pirschten uns vorsichtig an die Stelle heran, wo der Rauch zu sehen war, mit meiner Gruppe war ich am nächsten. Wir sahen zwölf Angehörige der ALN, darunter eine Frau, an einem Wasserloch auf einer kleinen Lichtung an einem Feuer lagern, alle in einer Art Uniform.

Wir eröffneten sofort das Feuer aus unseren MPs und halbautomatischen Gewehren, da diese Leute doppelt so viele waren wie wir.

Zwei dieser Leute, die etwas abseits vom Feuer lagerten, konnten wir nicht gleich erledigen. Sie flüchteten in die Büsche, jeder mit einem Sack in der Hand, aber da mein Stellvertreter, ein Legionär 1. Klasse, und ich sehr gut sportlich trainiert waren, haben wir sie sehr schnell eingeholt. Zu unserer Überraschung fanden wir in den Säcken eine nicht geringe Menge Geld.

***

## Deserteure

Manchmal wenn wir an die tunesische Grenze kamen, mussten die in der Nacht verstreute Flugblätter eingesammelt werden, auf denen waren immer Aufforderungen geschrieben, die Legionäre sollten desertieren, weil sie für eine falsche Sache kämpfen. Es wurde ihnen auch angeboten, dass man sich um sie kümmert und dass sie mit Hilfe der ALN nachhause gebracht werden.

Erst nachdem die Flugblätter eingesammelt waren, durften die Legionäre von ihren Fahrzeugen absteigen, und es konnte weitergemacht werden mit unserem festgelegten Ziel, nämlich in das Niemandsland vorzudringen.

Der raffinierteste Deserteur war ein Türke, der vor seinem Eintritt in die Legion als Gastarbeiter in München gelebt hat. Er kam auf die absurde, aber sehr einfache Idee, zu desertieren, und lief ohne Waffen weg, denn er wusste ganz genau, dass es mit Waffen eine sehr harte Bestrafung gegeben hätte. Er legte sich nach einigen Kilometern an den Straßenrand und wartete, bis ihn eine Patrouille aufgriff und zurückbrachte.

Man hat ihn dann in einen Verschlag gesperrt, bis er abtransportiert wurde. Der Mann wurde unehrenhaft entlassen, nachdem er seine Strafe von sechs Monaten abgeleistet hatte. Zur unehrenhaften Entlassung muss man noch erklären, dass so einer, egal wer er war, niemals mehr eine Arbeit oder sonstige Vorteile von und in Frankreich erhielt. Irgendwann nach seiner Entlassung oder besser gesagt seinem Rauswurf kam eine Oktoberfestkarte aus München und wir haben uns im Geheimen über seine Raffinesse, der Legion zu entgehen, sehr amüsiert.

Ein anderes Mal, nach einem Nachteinsatz an der tunesischen Grenze beim Zurückgehen zu unseren Fahrzeugen, mussten wir feststellen, dass zwei Legionäre fehlten. Auf Grund dessen musste die ganze Kompanie kehrtmachen, um die Legionäre zu suchen.

Die ganze Kompanie war schon wegen Übermüdung in einer sehr schlechten Laune, das war kein gutes Zeichen für den Fall, dass wir die Leute finden würden – noch dazu waren sie mit ihren Waffen desertiert. Allerdings, wenn wir die Waffen nicht gefunden haben, wurden Kampfflugzeuge angefordert, da hatten wir nicht mehr viel zu tun. Wir konnten nur ahnen, was passierte, wenn wir die Bordkanonen hörten.

Es gab immer wieder Legionäre, die desertiert und bis nach Deutschland durchgekommen sind, von denen wurde dann die Legion sehr schlecht dargestellt, um sich aus dem eigenen Versagen herauszureden.

Von mehreren Legionären, die ich persönlich kannte, habe ich in irgendeiner Zeitung oder Illustrierten die Lügengeschichten gelesen und mich gewundert, dass man in Deutschland das alles glaubte.

***

## Waschtag

*Waschtag an einem See. Die Fahrzeuge fuhren in den See, die Tische abgeladen, und dann die verschwitzte und dreckige Wäsche gewaschen. Das machten wir nur draußen zwischen den Einsätzen, wenn sich die Gelegenheit ergab.*

***

## Freudenspenderinnen

*La Calle 1961. Freudenspenderinnen aus dem Freizeitangebot für Soldaten. Im BMC[5] gab es Araberinnen, Französinnen, Italienerinnen, Spanierinnen und auch Schwarzafrikanerinnen.*

Die Frauen haben sich immer sehr gut benommen und wir waren immer zufrieden mit ihnen. Es wurde nie verhütet, deswegen waren sie sehr scharf auf Nevacine-Tabletten von uns, wenn sie schwanger waren. Diese Tabletten habe ich immer in einer Dose mit tausend Stück bekommen, um sie an unsere Leute zu verteilen. Nach meiner Entlassung habe ich noch eine Dose mit tausend Stück mit nachhause genommen.

5 BMC - Bordel Militaire de Controle / durch das Militär kontrollierte Bordell

*Das Mädchen, das ich umarmt habe, ist eine Araberin, 18 Jahre alt. Als ich einige Zeit später wieder in das BMC kam, sagte man mir, sie habe sich umgebracht, weil sie von ihrer Familie verstoßen wurde. Das hätte bedeuten können, dass die Familie sie auf Grund ihrer Tätigkeit im Bordell getötet hätte, dem ist sie zuvorgekommen.*

***

## Harkis

Die Vielfältigkeit unserer Aufgaben kannte fast keine Grenzen. Da hatten ein Sergent und ich als sein Stellvertreter einen Trupp Harki von 14 Mann zugewiesen bekommen, um mit diesen freiwilligen Arabern in der französischen Armee in den Einsatz gegen ihre Landsleute zu gehen.

Wenn wir draußen im Gelände waren und einen längeren Fußmarsch hinter uns hatten, sind diese Leute halb verdurstet auf den Rückweg gegangen und ich hatte immer meine zweite Wasserflasche voll am Gürtel hängen. Vor der Ankunft im Biwak habe ich das Wasser aus meiner zweiten Flasche vor ihren durstigen Augen ausgekippt. Das war eine reine Erziehungssache, denn beim nächsten Marsch hatten die faulen Säcke jeder eine zweite Flasche mit Wasser am Gürtel hängen.

Für mich persönlich waren diese Einheimischen eine herbe Enttäuschung, da ich als Kind immer Karl May über seine Wüstenerlebnisse gelesen habe, insbesondere über die robusten Araber.

Wir mussten mit diesen Harkis auch zum Einsatz in die Berge, um Rebellen aufzuspüren. Wenn es dann zu einer Schießerei kam, hatte ich mehr Angst von hinten als von vorne - diese Harkis hatten keine Ahnung, welche Kaliber ihre eigenen Waffen hatten, noch konnten oder wollten sie richtig schießen.

Das waren junge Männer im Alter von 20 bis 25 Jahren, fast alle mit mindestens vier Frauen verheiratet, wir waren fast neidisch darauf, und sie bekamen mehr Sold als unsere Leute, dafür mussten sie sich zum Teil selbst versorgen, da sie keine Schweinefleisch-Konserven gegessen haben.

Nach dem späteren Waffenstillstand wurden sie zu Tausenden als Kollaborateure von ihren eigenen Landsleuten verfolgt und massakriert, sehr oft mit dem Lächeln von Mohammed versehen, das heißt, die Kehle wurde von einem Ohr zum anderen durchgeschnitten, das sah dann so aus, als ob jemand lachen würde, ich habe das früher oft gesehen.

Manche haben es geschafft, auf ein Schiff nach Frankreich zu kommen mit ihren Familien, deswegen hat Frankreich heute ein damals mitgebrachtes Problem.

Gott sei Dank hat sich das Problem damals für uns - das heißt meinen Vorgesetzten, den Sergent, und mich - schnell erledigt, als die Obrigkeit einsah, dass solche Soldaten vollkommen unbrauchbar waren, wenn man sie gegen die eigenen Leute einsetzte.

***

## Müllentsorgung

*Müllabladeplatz neben einem Außenposten. Ich stehe links mitten unter Araberkindern, die im Müll brauchbare Sachen suchten. Es war sehr kalt an diesem frühen Morgen.*

***

## Abwechslung

*Großeinsatz von fünf Mann. Die Beute war das Skelett eines Esels. Für diese Heldentat wurden sie nicht belobigt.*

***

## Schnee in Algerien

Einmal kam ein kurioser Auftrag. Wir gingen in die Berge im Norden Algeriens, was für uns normal war. Normal war allerdings nicht, in schlechter Ausrüstung durch einen meterhohen Schnee zu stapfen, um die Rebellen aufzuspüren.

Nachts mussten die Fahrzeuge alle zwei Stunden warmlaufen, wegen der Gefahr des Gefrierens von Kühlwasser, und in den Zelten war es auch nicht sehr angenehm.

*Zeltlager auf den Bergen mitten im hohen Schnee – wir suchten Rebellen ohne Erfolg, aber mit viel Kälte.*

*Im Regenmantel im Schneegestöber, im Hintergrund unser Zeltlager.*

*Im Zeltlager im Schnee gab es auch Freizeitbeschäftigung. Zum Beispiel links von mir unser Sektionschef und vor mir sein Hund, den er immer bei sich hatte, in Schnee abgebildet.*

Unten im Flachland war es heiß wie immer und nach einer Woche ohne Erfolg war das auch überstanden.

Alles habe ich in Afrika erwartet, aber nicht diesen Schnee.

***

## Camerone-Fest in der Oase

Der höchste Feiertag der Legion, das Camerone-Fest am 30. April. 1961 waren wir in einer Palmenoase zum Feiern. Es war Brauch, dass an diesem Tag Untergebene von den Vorgesetzten bedient und auch die Uniformjacken getauscht wurden.

*Auf dem Foto hat mir ein Legionär seine Jacke mit Fallschirmjägerabzeichen gegeben, und er konnte mit meiner Jacke ein paar Stunden als Caporal herumlaufen.*

*Mein Zustand war nicht mehr ganz einwandfrei dank der guten und vielen Getränke. Wir waren immer gut versorgt mit allem.*

***

## Unser Arbeitsamt

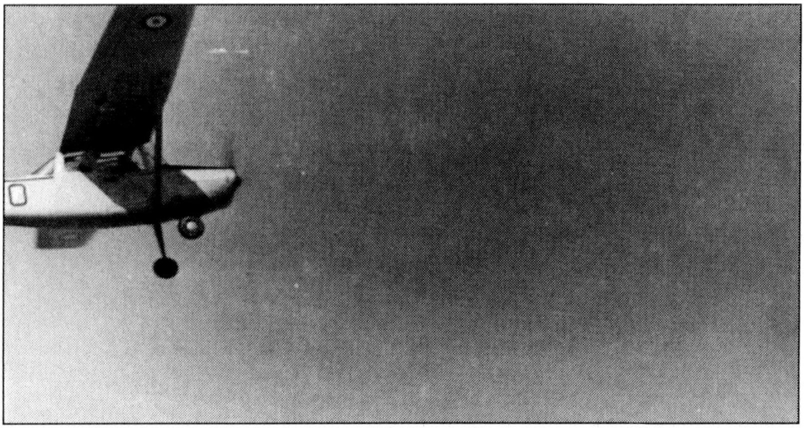

*Das Aufklärungsflugzeug war immer dort, wo es anschließend für uns viel Arbeit gab. Aber sie trugen auch zu unserer Sicherheit bei. Sie meldeten jede Bewegung im Gelände, die für uns interessant war.*

***

## Tabletten

Es gab für die Truppen Nevacinetabletten als Ersatz für Chinin. Ich bekam vom Sanitäter eine 1000-Stück-Dose, aus der ich bei Bedarf beim Morgenappell verteilte. Hierzu standen die Legionäre in mehreren Reihen hintereinander und ein Legionär, meistens vom Küchenpersonal, kam mit einem großen Wasserbehälter und einer Schöpfkelle mit dazu. Der Erste in der Reihe musste mit dem Wasser aus der Kelle die Tablette hinunterspülen und ich beobachtete ihn dabei genau, ob er sie auch schluckte. Viele Legionäre haben sich früher immer davor gedrückt, die Tablette zu schlucken, denn sie war sehr bitter.

Wie bereits erwähnt, wurden diese Nevacinetabletten auch zur Verhütung im Bordel militaire contrôlé verwendet.

Es gab auch Tabletten für den Notfall, wenn ein Legionär im Einsatz oder auf einem längeren Marsch schlappmachte. Die Vorgesetzten hatten diese Aufputschtabletten immer dabei. Nach der Einnahme liefen die Betroffenen wieder wie ein junger Rehbock auf der Flucht.

***

## Immer nach vorne!

*Tunesische Grenze, im Niemandsland 1961. Ein Tagesausflug: Mit schnellen Schritten voraus und nur einen kurzen Blick zurück, ob die Leute auch nachkommen.*

*Meine Bewaffnung war meistens eine MP Mat-49 und zehn Magazine, das waren 300 Schuss 9mm, sowie zwei Handgranaten und ein Messer.*

***

## Teamarbeit

*An der tunesischen Grenze: Hinter uns ein 5.000-Volt-Stacheldrahtzaun und zwei Minengürtel – vor uns die Ungewissheit, was uns erwartet. Es konnte jederzeit ein Überfall geben, dadurch war man immer schussbereit.*

*Links von mir ein Italiener, Egidio Scozzoli, mein bester Mann. Er war wie ein Kampfhund, den ich immer einbremsen musste.*

***

## Geländeerkundungen

Wir machten Routine-Kontrollfahrten, obwohl schon Waffenstillstand herrschte, es mussten ja die Leute beschäftigt werden, damit sie nicht übermütig werden.

Unser Sektionschef kam zu mir und stellte mir meinen neuen Gruppenchef vor, einen Sergent aus Franken. Er erhielt den Auftrag, mit mir als seinem Stellvertreter eine größere Geländeerkundung zu machen.

Nachdem wir alle Vorbereitungen getroffen hatten, fuhren wir los, mit zwei Dodge 6x6 offen, auf den Fahrzeugen jeweils ein MG AA-52 im Kaliber 7,5 mm, Funkgeräte und genug Munition und Verpflegung sowie ausreichend Wasser.
Einige Stunden nach unserer Abfahrt trafen wir einen einsamen Fußgänger. Er war Angehöriger der ALN und bewaffnet mit einer alten Beretta-Maschinenpistole und zwei Reservemagazinen. Er sah etwas armselig aus, seine Uniform war nicht von einem Schneider. Als wir neben ihm anhielten, bemerkte ich, dass diesem Mann nicht ganz wohl in seiner Haut war, aus gutem Grund. Mein Vorgesetzter, der Sergent, hat an dem Mann, den wir kontrollierten, ein Abzeichen der ALN gesehen. Der Sergent wollte dieses Abzeichen unbedingt haben und als er es nicht bekommen hat, habe ich ihn davon abgehalten, das zu tun, was er vorhatte. Nach einer kurzen Unterredung darüber, was sein Vorhaben für Konsequenzen haben könnte, ließ er den Mann, der sicherlich erleichtert war, weiterziehen.

Nach dieser Episode fuhren wir weiter und trafen auf ein riesiges Depot mit 200-Liter-Fässern, mit Teer gefüllt. Die Fässer waren meterhoch gestapelt, wir schätzten das Depot auf ca. tausend Fässer oder mehr. Mehrere Kilometer weiter trafen wir erneut auf ein solches Depot, das aus genauso vielen Fässern bestand wie das erste Depot, das wir entdeckt hatten. Zu diesem Zeitpunkt wussten wir nicht, dass der Teer für die Transsaharastraße gebraucht wurde.

Unser Sergent hatte eine „zündende Idee", da wir den Algeriern nichts hinterlassen wollten. Wir brachten auf den Befehl des Sergenten die beiden mitgebrachten MGs in Stellung und schossen aus ungefähr hundert Metern Entfernung mehrere Gurte à 50 Patronen, zum Teil mit Leuchtspurmunition, auf die Fässer. Der Teer war durch die Hitze schon sehr dünnflüssig und entzündete sich durch die Leuchtspurmunition unheimlich schnell. Wir warteten einige Zeit, bis das ganze Depot am Brennen war und die Fässer durch das bei der Hitze entstandene Gas explodierten und sehr weit durch die Luft geschleudert wurden. Danach fuhren wir zurück zum ersten Depot und wiederholten das Ganze noch einmal.
Die beiden Depots brannten mindestens zwei Wochen mit riesigen schwarzen Rauchwolken am Himmel, die kilometerweit zu sehen waren. Wir waren gründliche Arbeit gewohnt. Man suchte sehr lange nach den „Saboteuren", es kann aber auch sein, dass einige von ganz oben damit einverstanden waren.

***

## Inlandseinsätze

Wenn sich die Kompanie einem Dorf näherte, installierte sie sich in einiger Entfernung an einer Stelle, wo man das Areal samt Dorf im Blick hatte und es mit den Gewehren und MGs erreichen konnte. War man damit fertig, wurden einige Équipes direkt an die Hütten geschickt, um alles nach Waffen zu durchsuchen. Ihr Augenmerk lag dabei auch auf der Frage, ob sich junge Männer im Dorf aufhielten. War von ihnen keiner anwesend, konnte man mit Gewissheit davon ausgehen, dass sie sich alle im Untergrund oder in den Bergen versteckten, um gegen das Militär vorzugehen.

Einige Legionäre haben bei den Durchsuchungen so manch Hühnchen mitgehen lassen. Sie verstauten das Tier in den Seitentaschen ihres Kampfanzugs, um es später in der Basis zu grillen.
In den Dörfern hatte man kleine Backöfen, um die Fladenbrote zu backen. Auch diese waren bei den Legionären sehr gefragt. Sie nahmen alles mit, was sie gerade in ihren Taschen verstauen konnten – Abwechslung im Speiseplan war gefragt.

Bei einer Durchsuchung von mehreren Beduinenzelten ging ich mit meiner MP im Anschlag in eines der Zelte hinein. Ich durchquerte das mindestens 15 m lange Zelt und konnte nichts finden. Am Ende trat ich auf eine Art Matte oder Decke auf dem Boden und erst im letzten Moment bemerkte ich, dass sich darunter noch ein kleines Kind befand. Sofort ging ich vorsichtig etwas zurück, um das Kind nicht zu verletzen. Ein alter Mann hatte dieses Manöver beobachtet und dachte wohl, dass diese Legionäre nicht so schlimm seien. Er begann mit mir ein Gespräch, von dem ich allerdings nicht viel verstehen konnte. Das Einzige, was ich von diesem sympathischen Mann verstand, war, dass er in der französischen Armee in Indochina gedient und hohe Auszeichnungen dafür erhalten hatte. Er konnte nicht verstehen, warum das Militär gegen seiner Meinung nach unschuldige Menschen derart vorging. Ich erklärte ihm, dass man nach meiner Erfahrung nicht jedem Menschen ansehen konnte, ob er unschuldig war oder nicht. Auf jeden Fall machte mich dieses Gespräch etwas nachdenklich.

***

## Silvester

Unsere Kompanie war in einem Zeltlager neben einem Araberdorf aufgebaut, als die Idee aufkam, ein schönes Silvester-Feuerwerk zu veranstalten. Wir hatten noch sehr viel Munitionsüberschuss und den mussten wir verbrauchen, denn wegen des Waffenstillstandes waren diese Übermengen nicht mehr nötig, also weg damit.

Um Mitternacht waren dann 200 Mann mit ihren MGs, MPs, Pistolen und noch zusätzlich unsere fünf Panzerspähwägen dabei, die überschüssige Munition zu verknallen.

Das war ein höllischer Krach, den wir aber gewohnt waren. Die Araber neben uns in ihrem Dorf dürften mit Sicherheit sehr erschrocken gewesen sein.
Der Spuk war aber bald vorüber und wir zogen kurze Zeit später wieder ab.

***

## Die neuen Pluderhosen

1962 hatten wir auch schon die Sahara-Pluderhosen als Arbeitskleidung mit insgesamt nur 16 Bügelfalten in Ziehharmonika-Ausführung.

*Diesen Posten im Hintergrund mussten wir an die neuen Machthaber übergeben. Verbotenerweise wurden bei unserem Abzug noch mehrere Gebäude vernichtet. Man hat ein Stahlseil herumgelegt und mit den Seilwinden der Lastwagen zusammengezogen, die Gebäude waren nicht sehr stabil und fielen sehr schnell in sich zusammen.*

***

## Meine erste Auszeichnung

1962 erhielt ich das Croix de la Valeur Militaire.

*Im Hintergrund der Fahnenmast, links von mir das Regimentsabzeichen und rechts das Abzeichen der zweiten Kompanie.*

*Diese Abzeichen wurden aus Beton von Hand gemacht, wir hatten viele Berufe und auch kleine Künstler unter uns. Es wurde oft gesagt, wir sollen das Hufeisen umdrehen, damit das Glück nicht herausfällt.*

***

## Abschied von der Grenze

Da die Zeit im Norden und an der tunesischen Grenze wegen des Waffenstillstandes zu Ende ging, kam der Marschbefehl. Unsere Kompanie wurde komplett nach Fort Flatters in der Sahara verlegt, das waren etwa tausend Kilometer Pistenstrecke durch die Wüste mit viel Staub und Durst und Schwitzen.

Das bedeutete alles abbauen und auf zusätzliche Lastwagen verladen. Die Legionäre saßen auf unseren Einsatzfahrzeugen, die offen waren wie ein Cabrio. Die Damen vom kompanieeigenen Bordell wurden mit dem Sanitätsauto transportiert, aus dem Sanka hat es fürchterlich nach Parfüm, Schweiß und Sonstigem gestunken.

Pro Tag fuhren wir etwa 100 bis 150 km, also waren wir etwa sieben Tage unterwegs im Staub, den ungefähr achtzig Fahrzeuge aufwirbelten, und in der unerträglichen Hitze war es kein Vergnügen. Einmal wurde die Fahrt von einer gebrochenen Achse unterbrochen, ein anderes Mal von einer überhitzten Benzinpumpe, und das ging noch weiter mit anderen Pannen.

Da ich ziemlich am Ende der Kolonne fuhr, habe ich sehr viel Staub geschluckt, aber in weiser Voraussicht habe ich mir zwei Kartons gutes Kronenburg Bier mitgenommen, um den Staub runterzuspülen. Bei den verschiedenen Pausen habe ich auch nachgesehen, wie es unseren Damen im Sanka geht.

Trotz aller Unannehmlichkeiten kamen wir in Fort Flatters an, das aus Barackenbauten, einem großen Wasserturm und einem Feldflugplatz bestand, einige Hundert Meter weiter befand sich eine Strafkompanie der regulären Armee, und rundherum die Sahara mit all ihren Reizen – tagsüber zum Braten heiß und nachts saukalt bis zum Gefrieren von

Wasser, und dann noch zu unserem Vergnügen ein Sandsturm, der alles zudeckte. Duschen konnte man erst am Morgen, wenn das Wasser vom Turm etwas abgekühlt war.

***

## Zwei Verrückte in der Sahara

*Fort Flatters in der Sahara und zwei verrückte Korporäle, die immer für einen Blödsinn gut waren. Links von mir Caporal Passoni, der Italiener, der mich am Anfang in die 2. Kompanie eingeteilt hatte. Ganz links im Bild die Baracke, die fast abgebrannt wäre, und dahinter die Einsatzfahrzeuge.*

***

## Wilde Nacht

Als ich wieder eine routinemäßige Nachtwache hatte, war es sehr kalt Anfang des Jahres 1962 und ich hatte einen Petroleumofen unter dem Schreibtisch stehen, um mich aufzuwärmen. Plötzlich kam ein Caporal vom *Service auto* (Werkstatt für Fahrzeuge) völlig verstört in die Wachstube und stammelte nur, seine Kollegen wollten ihn verprügeln.

Sofort schnappte ich meine MP, die immer in Reichweite war, und nahm noch zwei Legionäre von der Wache mit. An der Werkstatt angekommen, bemerkte ich sofort, dass die Leute alle besoffen waren. Alle sechs Mann kassierte ich mit vorgehaltener MP und befahl ihnen, auf die Wache mitzukommen, wo ich sie dann in eine Zelle sperrte.

Anschließend benachrichtigte ich den wachhabenden Unteroffizier über den Vorfall. Dieser war natürlich sehr verärgert und veranlasste, dass diese sechs Mann in unsere Nachbarschaft zur regulären Strafkompanie gebracht wurden. Als sie nach zwei Tagen zurückkamen, waren sie für ihr ganzes Leben in der Legion geheilt.

Man bedroht oder schlägt nun mal keine Vorgesetzten.

***

## Feuer!

Damit es uns nicht langweilig wurde, schickte man unsere Section zu einer Erkundungsfahrt nach Tamanrasset, einer wunderschönen alten Stadt unterhalb des Wendekreises des Krebses. In der Stadt angekommen dachten wir, dass wir einige Jahrhunderte zurückversetzt sind. Die alten Lehmgebäude und wie die Leute da lebten – das war für uns schon interessant, so etwas zu sehen. Es gab da auch noch einen alten Funkturm aus Holz aus dem Zweiten Weltkrieg, von der Deutschen Wehrmacht gebaut. Die Erkundungsfahrt dauerte 14 Tage, dann machten wir uns wieder auf die lange Rückfahrt durch die Sahara, die aber sehr langweilig war.

In Fort Flatters waren wir in Baracken untergebracht, eine Section hatte ungefähr zwischen vierzig und fünfzig Mann plus vier Korporäle, die alle in einem Raum untergebracht waren. An einem Sonntag war ein Kollektiv-Strafeinsatz angesagt, die Baracke musste neu gestrichen werden. Die Farbeimer standen direkt am Eingang und um die Pinsel zu reinigen, hatte jemand einen Stahlhelm mit Benzin gefüllt neben die Farbeimer gestellt. Links und rechts standen Doppelbetten und Metallschränke der Legionäre.

Da kam einer auf die Idee, sich eine Zigarette anzuzünden, er warf das Streichholz fort und traf genau den Stahlhelm mit dem Benzin, das sofort lichterloh brannte. Der Idiot nahm den brennenden Stahlhelm mit bloßen Händen und wollte ihn zur Türe hinauswerfen. Pech gehabt, er ließ den Helm fallen, weil er sich die Finger verbrannt hatte, das Feuer entfachte sofort die Farbe in den Eimern, dann brannten die Betten und einige Stahlschränke mit Inhalt waren auch betroffen. Da ich mit einem anderen Caporal am Ende der Baracke mein Bett hatte und dort auch, um eine bessere Kontrolle zu haben, die ganzen Waffen für die Mannschaft und Unteroffiziere und auch Offiziere sowie zigtausend Patronen, hunderte Handgranaten und Gewehrgranaten gelagert waren, mussten wir uns etwas einfallen lassen, um nicht selbst zu verbrennen oder auch in die Luft gesprengt zu werden.
Da wir nur eine Türe hatten, dort, wo das Feuer ausgebrochen war, hatte ich nur den einzigen Gedanken: dass ich schnellstens an die Feuerlöscher gelangen musste, die an unseren Fahrzeugen waren, und die waren direkt neben den Baracken geparkt.

Durch die einzige Türe konnte ich nicht hinaus, deshalb stieg ich auf ein Doppelbett und sprang kopfüber durch eine Fensterscheibe. So konnte ich die Feuerlöscher erreichen und mit Hilfe von anderen Legionären, die ich noch alarmiert habe, das Feuer löschen.

Nach diesem Fiasko kaufte ich mir den Verantwortlichen persönlich, er sah nachher sehr mitgenommen aus. Nachdem alles vorbei war, kehrte wieder Ruhe ein und wir hatten noch mehr Malerarbeiten zu erledigen - aber diesmal mit mehr Vorsicht.

***

## Unteroffiziersschule auf Korsika

Es kam zu einem Rapport beim Kompaniechef, der zu mir sagte, du kannst hier nicht versauern, du bist viel zu jung, um auf deinem jetzigen Dienstgrad stehen zu bleiben. Du wirst die Unteroffiziersschule auf Korsika absolvieren.
Da mir mein Leben als Caporal sehr gut gefiel, wollte ich das gar nicht, was ich dem Kompaniechef auch sagte, die Antwort war kurz und bündig: „Dann gehst du in den Bau und machst trotzdem die Schule."

Eine Befehlsverweigerung war ohne Konsequenzen nicht möglich, deshalb dachte ich wieder an die Worte meines früheren Sektionschefs Adjudant Toller, der mir sagte: Mach doch etwas aus dir.

Deshalb habe ich mich dem Befehl gebeugt und ging nach Korsika.
Wir flogen mit sechs Mann, die alle für die Schule vorgesehen waren, von Fort Flatters nach Algier.

In der Hauptstadt von Algerien angekommen, hatten wir einige Tage Aufenthalt in der Stadt und nutzten sie, um die Zeit in den Kneipen totzuschlagen und einige Bierchen zu trinken. Da klopfte mir ein Zivilist von hinten auf die Schulter. Meine Überraschung war sehr groß, es war ein ehemaliger Mitschüler von der Caporal-Schule.

Der Mann war Holländer, und sein Name war Wierstra, ein sehr sympathischer Kollege, aber er war schon vor einiger Zeit desertiert und nun als Anwerber für die Gegenseite tätig. Er machte mir und einigen Kollegen verlockende Angebote. Da ich aber in der Legion sehr zufrieden war, lehnte ich ab. Bei einem anderen Deutschen hatte er Erfolg. Dieser Mann hat es sich nicht gründlich überlegt, denn die Sicherheit, die wir in der Legion hatten, auch für später, war ihm bei der ALN nicht gegeben.

Der Ärger war natürlich sehr groß, als wir auf das Schiff in Richtung Marseille gingen und ein Mann fehlte. Wir wurden alle befragt - da wir aber keinen Ärger wollten, haben wir geschwiegen.

Die Überfahrt nach Marseille verlief sehr ruhig. Wir hatten eine Kabine für fünf Mann, das Meer hat sich sehr anständig verhalten, nicht so wie bei meiner Überfahrt nach Afrika, wo ich beinahe verzweifelt wäre. Marseille war nur ein Zwischenstopp, den wir ausgiebig für Kneipen- und Restaurantbesuche ausnutzten.

*Als Unteroffiziersschüler mussten wir die Bahn von meterhohem Schnee freischaufeln.*

Dann ging es weiter mit dem Schiff nach Bastia, einer Hafenstadt auf Korsika, dort wurden wir, die aus der Sahara kamen, in den tiefsten Winter katapultiert, denn es war Anfang Januar. Neben unserer Ausbildung, die sehr hart war, mussten wir die korsische Eisenbahn in den Bergen von meterhohem Schnee freischaufeln. Das war das Gegenteil von der Sahara, also völlig ungewohnt.

*

Dann zerschellte in dieser Zeit auf dem höchsten Berg Korsikas, dem Monte Cinto, ein Flugzeug und man schickte uns mit schlechter Ausrüstung hoch, um zu sehen, was noch zu retten war.

*

Die Unteroffiziersschule nahm 1963 bei einem großen Manöver mit den Amerikanern teil.

Der Flugzeugträger Forestal weit draußen auf dem Meer, aber für uns noch sichtbar. Die Aufgabe für uns war, einen Strandabschnitt zu verminen und dahinter eine Verteidigungslinie einzurichten. Es waren außer uns auch noch reguläre Truppen beteiligt. Die Amerikaner waren die Angreifer, tagsüber flogen ihre Düsenjäger der Forestal ihre Aufklärungsflüge.

Wir hatten Wachposten aufgestellt und wenn die Flieger im Anflug waren, haben wir uns immer hervorragend mit zwei Mann unter Büschen getarnt und in Erdlöchern versteckt. Nach den Übungen haben uns die Amerikaner bestätigt, dass sie nichts bemerkt hatten, zwischen den Flügen haben wir die Übungsminen vergraben.

Die Amis kamen dann mit Amphibienfahrzeugen an Land, und das

Erste, was sie machten: Sie bauten ein Zelt auf für den Stab und auch zum Kaffeekochen. Sie waren ahnungslos bezüglich dessen, was am Strand in der Zwischenzeit alles von uns getan wurde.

*Auf dem Landeschiff. Der erste Legionär auf dem Bild ist Volker Lordick. (Buchveröffentlichung bei Epee Edition: Légionnaire en Algérie, 2013)*

Als der erste Trupp der Amerikaner losging, um den Strand zu erkunden, der sehr bewachsen war mit Gebüsch, fand ein amerikanischer Leutnant ein Stück Stolperdraht, er beugte sich darüber und zog daran. Es war die Verbindung zu einer von uns installierten Leuchtmine, amerikanisches Modell, die beim Abzug durch den Draht hochgeht und als Signal dient. Diese Mine ist dem unvorsichtigen Leutnant in den Hals geflogen und hat ihn so schwer verletzt, dass er kurze Zeit später verstarb.

Auf Grund dieses traurigen Zwischenfalls mussten wir in unserem Abschnitt die ganzen Minen, die ja nach Plan verlegt waren, wieder ausgraben und das Manöver war zu Ende, bevor es richtig angefangen hatte.

Wir machten auch Marine-Landungsübungen. Wir mussten vom Landungsschiff aus an Stricknetzen, die seitlich herunterhingen, in die Landungsboote klettern. Die Boote waren noch von den Amerikanern aus dem Zweiten Weltkrieg und dann ging es mit vollem Tempo auf den Strand zu.

*Auf dem Foto gehen wir nach vollendeter Übung auf das Landeschiff zurück, das auf den Strand aufgesetzt hat. Bei dieser Übung war mir sehr mulmig, da ich nicht schwimmen kann.*

*

Die ca. sechsmonatige Ausbildung war sehr anspruchsvoll, man hatte aber auch schöne Momente, wie den Genuss der korsischen Spezialitäten wie Schinken von den Schweinen, die in den Wäldern leben und sich nur von Eicheln und Kastanien ernähren, oder auch Käse und den guten Wein und viele andere Dinge, so etwa die schöne Landschaft oder die Stadt Bonifacio, wo wir in der Festung auf dem Felsen stationiert waren.

Von ursprünglich 49 Eleven kamen am Ende nur 35 zur Prüfung, der Grund dafür war, dass ganz einfach die körperliche und auch psychische Belastung zu groß waren, auch ich habe mir einige Male überlegt, das Handtuch zu werfen, aber mein Adjudant Toller war immer in Gedanken hinter mir und deshalb habe ich durchgehalten.

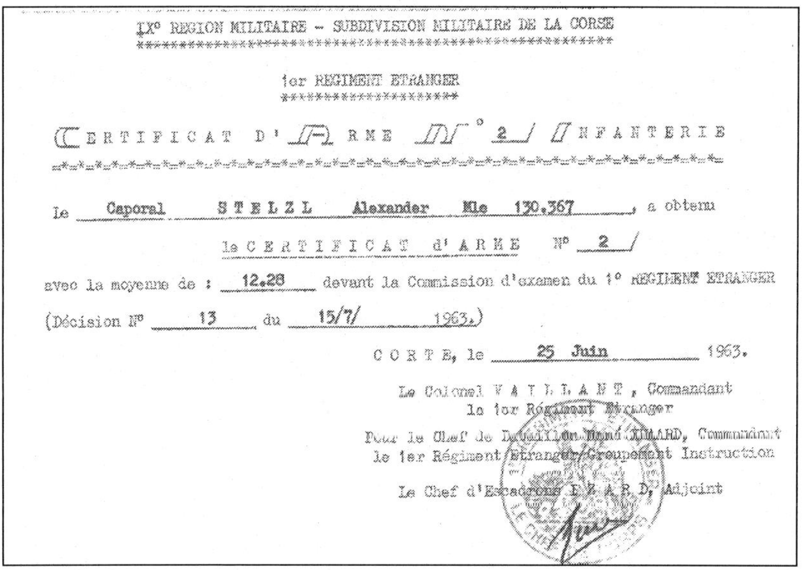
IX° REGION MILITAIRE - SUBDIVISION MILITAIRE DE LA CORSE

1er REGIMENT ETRANGER

CERTIFICAT D'ARME N° 2 / INFANTERIE

le Caporal STELZL Alexander Mle 130.367, a obtenu

le CERTIFICAT d'ARME N° 2 /

avec la moyenne de : 12.28 devant la Commission d'examen du 1° REGIMENT ETRANGER

(Décision N° 13 du 15/7/ 1963.)

CORTE, le 25 Juin 1963.

Le Colonel VAILLANT, Commandant
le 1er Régiment Etranger

Pour le Chef de Bataillon [illegible], Commandant
le 1er Régiment Etranger/Groupement Instruction

Le Chef d'Escadrons [illegible], Adjoint

*Certificat D'Arme No. 2*
*Das Zertifikat bekam man nach der harten Ausbildung. Ich habe mit 12,28 Punkten von 20 bestanden, damit wurde ich zum Unteroffizier ernannt.*

Es gab noch eine riesige Abschluss- und zugleich Abschiedsfeier in einem Zeltlager direkt neben den Touristenhotels. Wir hatten bei dieser Feier viele Zuschauer und die jungen Urlauberinnen, auch Deutsche, fragten immer wieder, wann wir endlich mit dem Essen aufhören, da sie tanzen wollten.

Das Fest mit dem hervorragenden Essen, es gab Hammelbraten vom Grill, und den vielen Zutaten. Auch das Trinken ging erst am frühen Morgen zu Ende. Das bedeutete für uns den Abschied von Korsika.

***

## Zurück in die Sahara

Einen Tag nach unserer großen Feier ging es aufs Schiff nach Marseille, und von da weiter ebenfalls mit dem Schiff nach Algier. In Algier hatten wir keinen langen Aufenthalt, es ging sofort weiter mit dem Flugzeug in die Sahara. Als wir am Nachmittag dort ankamen und aus dem Flugzeug stiegen, dachte ich, mir fällt ein Hammer auf den Kopf, denn ich war die Julisonne nicht mehr gewohnt.

Die frischgebackenen, aber noch nicht nominierten Unteroffiziere mussten in die CR Kompanie, das ist die Verwaltungs- und Passage-Kompanie. Beim ersten Antreten schnappte sich der Unteroffizier vom Dienst, ein Adjudant, uns fünf Nichtsnutze, denn wir waren ja noch Korporäle, um uns für nützliche Arbeiten einzuteilen. Meine Order war, ca. 20 Legionäre beim Kartoffelschälen zu überwachen, die Zeit war vom Adjudant bis 10 Uhr angesetzt, mein Fehler war jedoch, die Leute etwas früher gehen zu lassen, damit sie noch eine Zigarette rauchen konnten. Das hätte ich nicht tun sollen, denn da kam der Adjudant wie ein Racheengel auf mich zu und fragte mich, was mir einfällt, seine Befehle zu missachten.

Er schrieb eine Meldung an den Kompaniechef und ich bekam sieben Tage Bau, das bedeutete, ich musste jeden Tag nach Dienstschluss die ganze Nacht in einem 60 cm mal 60 cm hohen und breiten und ca. 1,8 m langen Hasenstall verbringen. Der kleine Zugang war mit Hasendrahtgitter versehen und man konnte hinaussehen, davon gab es mehrere solcher Verschläge nebeneinander und man hatte Gesellschaft zum Quatschen. In der Nacht wurde ich verbotenerweise von der Wache mit Zigaretten und Getränken versorgt. Die Prozedur dauerte zwei Nächte, dann wurden ein Belgier und ich in die 5. Kompanie versetzt.

***

## Versetzung nach Hassi Messaoud zu den Erdölanlagen

Diese Kompanie war in Hassi Messaoud stationiert, da waren die ganzen Erdölanlagen, die wir auch beschützen mussten. Zuerst musste ich dort meinen Dienst als Caporal tagsüber machen und nachts meine restlichen fünf Tage Bau in einem Verschlag aus Wellblech absitzen, der war abgerundet und ungefähr 1,2 m hoch, die Vorderseite und die Rückseite mit Gittern versehen.

Mein Kollege und ich warteten auf die Nominierung zum Sergent, aber Pustekuchen, wir machten weiterhin Dienst als Caporal in Hassi Messaoud, dass keiner einen Liter Erdöl klauen konnte!

Zur Abwechslung fuhren wir mit einer kleinen Gruppe zu einem Wüstenfort mit dem Namen Fort L'Allemande. Dieses Fort sah genauso aus, wie man es sich in den Filmen angesehen hat. Es war im

Viereck an jeder Ecke ein kleiner Turm, innen in der Mitte ein Brunnen und rundum an den Innenmauern die Unterkünfte – und das mitten im Sand, ganz alleine.

Außerhalb des Forts war ein wilder Müllabladeplatz, da habe ich meinen Frust in der Weise ausgelassen, indem ich mir zwei Pistolen und genug Munition aus der Waffenkammer geholt habe und dann die schlimmen Flaschen und Bierdosen aufs Korn nahm.

*

Es gab auch ein Schwimmbad außerhalb des Forts, da mussten wir aufpassen, dass die verwilderten Dromedare nicht den Zaun durchbrachen, um an das Wasser zu kommen, wenn sie durstig waren. Mein Kollege, der Belgier, sein Name war De Smet, sprang einmal in das Schwimmbad, um zu baden. Er verbrühte sich wegen des von der Sonne aufgeheizten Wassers so stark, dass er vor Schmerzen anfing zu brüllen.

Diese Faulenzer-Zeit verging auch sehr schnell und nach dieser schönen Abwechslung erhielten mein Kollege und ich den Befehl, zur Basis zurückzukehren.

In der Basis angekommen, wurden wir beide komplett als Unteroffiziere eingekleidet und mussten dann zum Rapport beim Kompaniechef. Der hat uns dann zu Unteroffizieren, also Sergenten, ernannt und uns gratuliert.

Anschließend war in der Unteroffiziersmesse, die für uns Neuland war, unser Einstand mit großem Besäufnis. Unsere neuen Kollegen, für die wir ja noch Frischlinge waren, sangen den Boudin, das ist die Hymne der Legion, und solange die am Singen waren, mussten wir zwei beweisen, dass wir auch trinkfest waren. Die Prozedur war folgende: Man musste beim Singen des Liedes einen Alubecher mit Rotwein, etwa ein halber Liter, austrinken. Wenn das Lied unterbrochen wurde, konnte man sich erholen und warten, bis erneut gesungen wurde. Ich schaffte es bis zum vierten Becher, dann lag ich flach.

Als wir uns nach zwei Tagen erholt hatten, mussten wir erneut zum Rapport beim Kompaniechef. Er sagte, dass es nicht gut sei, wenn die Leute uns als Korporäle kannten und wir nun als Unteroffiziere da wären, also wieder Versetzung.

***

## 1. Compagnie Saharienne

Daraufhin kam ich in die 1. Compagnie Saharienne, integriert in das 4. Regiment. In der Kompanie angekommen, musste ich mich komplett neu einkleiden. Da bekam ich die Sahara-Paradeuniform noch zur normalen dazu, das beinhaltete schwarze Pluderhosen, seitlich das Kreuz des Südens in Weiß aufgestickt, mit insgesamt 32 Ziehharmonika-Bügelfalten und unten mit Gummiband als Abschluss.

Dann zwei Umhänge, einer in Blau, der andere in Weiß, man musste beide zusammen übereinander tragen, dann eine weiße Uniformjacke und rotgrüne Epauletten, dazu einen gekreuzten Patronengurt aus weinrotem Leder und eine blaue Schärpe – und zur Krönung ein Paar Sandalen, mit denen man beim Gehen den Sand geschaufelt hat.

Diese Uniformen mussten wir über die Kleiderkasse selber bezahlen, als Unteroffizier bekamen wir damals pro Monat 500 kostenlose

*Troupe*-Zigaretten[6]. Die haben aber nicht geschmeckt, deshalb habe ich sie verschenkt an einen Legionär, der für mich die Wäsche gewaschen und gebügelt und meine Bude sauber gemacht hat.

Zu der Zeit erhielt ich einen Sold in Höhe von 140.000 alten Francs, inklusive aller Zulagen, das waren 1963 ca. 1.400 DM.

Zur neuen Ausrüstung gehörten auch Magazine für die MPs. Diese Magazine hatten nur noch ein Fassungsvermögen von 25 anstatt 32, denn die Transportfedern waren verstärkt wegen des Sandes, der sich überall festsetzte.

***

## Maskottchen

*1963 in der Sahara. Unser Maskottchen, eine Gazelle. Unser Funker, ein Ungar, hat sich um sie gekümmert.*

*

6 Le tabac de troupe / „Tabak der Truppen" – Zigaretten für die Soldaten, um die Moral zu stärken. Diese Zigaretten gibt es heute nicht mehr.

## Reggane

*Sektor Reggane in der Wüste. Dort war auch das Atom- und Raketen-Versuchsgelände.*

*

## Parade Sahara-Kompanie

*Die erste Sahara-Kompanie in Paradeuniform vor den Einsatzfahrzeugen, auf dem Bild ist nur eine Section abgebildet.*

*

## Parade des 4. Regiments

*Links die Fahnenträger der 1. Sahara-Kompanie, integriert im 4. Regiment, mit den traditionellen Paradeuniformen. In dieser Kompanie war ich als Sergent im Dienst.*

*

## Durchreise

*Wir verlassen gerade eine Stadt in der Sahara – das waren oft sehr eindrucksvolle Momente, so etwas zu sehen.*

*

## Adjudant-chef Toller

*Der Mann in der Mitte ist mein ehemaliger Sektionschef in der Ausbildung, Adjudant Toller, mittlerweile befördert zum Adjudant-chef im 4. Regiment. Links von ihm ein Adjudant und rechts von ihm der Kommandeur vom Bataillon. Man sieht den alten Haudegen schon an, dass sie etwas zugelegt haben bei der hervorragenden Versorgung in der Legion.*

***

## Gefangenentransport

In Reggane wurde ich wieder einmal als jüngster Sergent dazu bestimmt, mit einem Militärflugzeug nach Algier zu fliegen, um dort einen Frauenmörder, der eine Frau in einem Bordell erstochen hatte, nach Frankreich zum Militärtribunal zu überstellen. Sein Motiv war uns nicht bekannt. In Algier angekommen wurde mir ein Dienstfahrzeug der regulären Armee zur Verfügung gestellt und brachte mich etwa 40 km außerhalb von Algier zu einem Gendarmerie-Posten mit Gefängnis.

Als ich da ankam, erklärte man mir, der Mann habe einen Tag vorher für sechs Monate seinen Sold bekommen und durfte in Begleitung eines Gendarmen einen Einkaufskurzausgang machen. Der Legionär hat die Gunst der Stunde genutzt und ist dem Gendarmen, der nicht aufgepasst hat, abgehauen, um einer Verurteilung in Frankreich zu entgehen. Also war meine Mission zu Ende und ich stand da, mit ein paar Handschellen und einer privaten Pistole im Gepäck.

Nachdem ich bei den Regulären über Funk meine Basis in Reggane über meinen Schneiderflug verständigt hatte, kam die Order zurückzukehren, wenn ich eine Fluggelegenheit bekomme. Der Aufenthalt in Algier dauerte noch eine Woche bis zu meinem Rückflug.

***

## Degradierung

Nachdem 1962, wie mehrfach erwähnt, der Waffenstillstand in Algerien verkündet worden war, wurden immer mehr junge Offiziere als Chefs de section eingesetzt, zum Ärger der erfahrenen Unteroffiziere, der Sergent-chefs, Adjudants und Adjudant-chefs.

Auch unsere Section kam in diese Lage und unser neuer Sektionschef war ein Unterleutnant, der sein Studium beendet und eine Grundausbildung gemacht, aber keine Offiziersschule in Straßburg oder sonst wo absolviert hatte, die bekanntlich vier Jahre dauert.

Er hatte von Anfang an ein großes Problem mit den Unteroffizieren, die er anscheinend als dumm betrachtete. Er legte sich mit allen an – vor allen Dingen, wenn sie seine Anweisungen zu Recht kritisierten. Er hatte einmal eine Patrouille in die Wüste unternommen. Als es hieß: Richtung Biwak, gingen seine Anweisungen so daneben, dass die ganze Gruppe in die falsche Richtung lief. Obwohl er einen Kompass und eine gute Karte vom Terrain hatte, war er nicht in der Lage, sich zurechtzufinden, und er zog dann einen Sergent hinzu, der den ganzen Trupp nach Hause dirigierte.

Wir wussten auch, dass seine Frau, die in der Offiziersunterkunft lebte, von ihm jedes Mal eingesperrt wurde, wenn er weiter weg war. Auf jeden Fall gingen die Querelen immer weiter, oft wegen Meinungsverschiedenheiten und Kleinigkeiten.

Wir waren irgendwo draußen, um das Gelände zu erkunden und die Legionäre zu beschäftigen, als ein Sandsturm aufkam, der nicht sehr stark war. Trotzdem hatte er mir ein Sandkorn in das linke Auge getrieben. Es war ein winziger Quarz-Splitter, der im Auge stecken blieb. Der Splitter hat mir sehr viel Ärger und Schmerzen bereitet, da das Auge durch das Reiben mit meiner Hand sehr gerötet und immer am Tränen war. Ich habe auch nichts mehr gesehen mit diesem Auge. Der Sani hat versucht mit einem zugespitzten Papier den Splitter he rauszubekommen, aber ohne Erfolg, ein Arzt war für uns weit und breit nicht erreichbar.

Also ging ich abends in die Unteroffiziersmesse. Dort habe ich mir Schmerzmittel einverleibt in Form von Cognac und Bier. Das ging fast eine Woche lang so, bis mein Unterleutnant, der ja auch meine

Sauferei mitbekommen hat, zu mir in die Bude kam. Das war nach der Einnahme meiner Schmerzmittel, also sehr spät am Abend. Er wollte mich zur Sau machen: Er werde Meldung beim Kompaniechef machen, ich hingegen sagte ihm in meinem nicht gerade nüchternen Zustand und mit meinem Problemauge, er solle mich mal. In meiner Wut warf ich, als er die Türe schon fast zugemacht hatte, ein Bajonett vom K 98 und einen Fallschirmjäger-Dolch hinterher – der Dolch blieb in der Türe stecken und das Bajonett fiel auf den Boden.

Dann war Ruhe und ich legte mich mit meinem Problemauge und einem noch größeren Problem, das am nächsten Morgen auf mich zukam, ins Bett.

Am nächsten Morgen, nachdem ich in der Messe gefrühstückt hatte, kam ein Sergent-chef und holte mich zum Kompaniechef, das war ein Oberleutnant, der sehr viel Erfahrung hatte und sich von unten her hochgearbeitet hat.

Da ich der Meinung war, dass jetzt alles für mich vorbei sei und ich degradiert würde, kam ich der Sache zuvor. Als ich in sein Büro kam, habe ich mich vorgestellt, dann das Képi abgenommen, meine zwei Goldenen Winkel in das Képi gelegt und dabei gesagt, er solle mich als Legionär 2. Klasse zurückversetzen – das ist der niedrigste Rang. Denn ich war nicht mehr einverstanden, mit einem Vorgesetzten wie unserem Unterleutnant zusammenzuarbeiten.

Er war ziemlich verblüfft, denn, wie ich glaube, so eine Selbst-Degradierung hat es vor mir noch nicht gegeben. Er fragte mich dann, was alles passiert sei, er habe vom Unterleutnant eine Meldung bekommen. Daraufhin schilderte ich ihm die ganzen Probleme mit den Unteroffizieren und dem Unterleutnant sowie dessen Unfähigkeit, sich als kompetenter Chef de section zu benehmen.

Zum Schluss der Unterredung sagte er zu mir, ich solle sofort mein Képi nehmen und die Winkel wieder anbringen; wenn nicht, würde er mir eine saftige Strafe aufbrummen. Da war ich schon überrascht und erleichtert.

Ungefähr zwei Wochen später war unser Unterleutnant nicht mehr da. Wir hörten nur, dass er nach Frankreich versetzt wurde.

Ein Adjudant hat dann die Section übernommen. Der Kompaniechef hat natürlich auch alle anderen Unteroffiziere befragt und die haben das von mir angesprochene Problem bestätigt.

Nachdem die ganzen Querelen vorbei waren, kehrte wieder Ruhe ein. Der Sanitäter hat nochmal versucht, den Splitter aus meinem Auge zu holen, und dieses Mal ist es ihm gelungen.

Was so ein kleiner Splitter für große Sachen bewirken kann ...

***

## Laghouat

Der Dienst in der Sahara-Kompanie war im Durchschnitt sehr langweilig, bis dann ein Ereignis eintrat, das uns alle in sehr große Gefahr brachte.

Der Regimentskommandeur besuchte unsere Kompanie, die in Laghouat stationiert war, um eine Routinekontrolle zu machen.

Der Chauffeur und der Stiefelputzer vom Kommandeur fuhren mit dem Dienstwagen in der Gegend herum und nahmen von der Straße weg ein zehnjähriges Arabermädchen ins Auto. Dort vergewaltigten sie das Mädchen und warfen es anschließend aus dem fahrenden Auto. Das Mädchen verstarb kurz danach an ihren Verletzungen, die sie sich beim Sturz aus dem Auto zugezogen hatte.

Die ganze Kompanie wurde sofort nach Bekanntwerden des Vorfalls in Alarmbereitschaft versetzt, denn es hatten sich schon mehrere hundert Araber vor dem Tor der Kaserne versammelt, die zu allem entschlossen waren.

Die beiden Vergewaltiger wurden in der Kaserne, nachdem die ganze Kompanie im Karree angetreten war, in die Mitte geführt und für die Mannschaft zur Bestrafung freigegeben. Kein Offizier oder Unteroffizier beteiligte sich an der Bestrafung, die meiner Meinung nach gerecht war.

Danach waren die beiden Vergewaltiger nicht mehr zu erkennen. Als sie wieder gehen konnten, wurden sie den Arabern übergeben, um einen größeren Konflikt zu vermeiden. Was aus ihnen wurde, ist uns nicht bekannt, der eine der beiden war selber Vater einer 12-jährigen Tochter in Deutschland. Das war das einzige Mal während meiner Dienstzeit, dass so etwas passierte.

Nicht lange nach diesem Vorfall war es so weit, dass wir von Laghouat wegziehen mussten, weil die Kaserne den Arabern übergeben werden musste.

*

*Bei einer Sportveranstaltung habe ich mir meine Armbanduhr kaputtgeschlagen, deswegen habe ich mir in einem Uhrenladen in Laghouat eine neue gekauft, diese Uhr habe ich nach über 50 Jahren immer noch an meinem Arm.*

*

... da fällt mir eine kurze Episode zum Thema *Laghouat* ein:

Ein Sergent-chef war gerade auf Urlaub in Deutschland und bat mich, ich solle mich um seine Katze kümmern. Als ich die Katze fangen wollte, flüchtete sie sich auf einen Baum, und da dieser Baum für mich zu hoch war und ich nicht so gut klettern konnte wie eine Katze, und Katzen sowieso meine „Lieblingstiere" waren, ging ich in die Waffenkammer, holte mir ein halbautomatisches Gewehr und holte sie auf diese Weise vom Baum.

***

## Nach Reggane zum Atom- und Raketen-Versuchsgelände

Als alles gepackt war, fuhr die komplette Kompanie in Richtung Südwesten nach Reggane zum Atom- und Raketen-Versuchsgelände. Dort wohnten die Offiziere und Unteroffiziere in Häusern aus Aluminium und die Truppe in Zelten.

Für unsere Aufgaben waren Routine und Vorsicht angesagt, die Leute mussten mit Schutzanzügen auf das verseuchte Gelände, um zu kontrollieren, ob sich unerwünschte Personen dort aufhalten.

Obwohl es strengstens verboten war, irgendwelche Gegenstände vom verseuchten Gelände mitzunehmen, gab es immer wieder Idioten, die dieses Verbot missachteten und sich trotz der Hinweise nicht bewusst waren, wie gefährlich die Strahlung ist. Darum wurde von mir oft mit dem Geigerzähler in den Zelten kontrolliert und wenn ich fündig wurde und verseuchte Gegenstände fand, gab es saftige Strafen.

***

22. November 1963
Am Todestag des US-Präsidenten J.F. Kennedy musste ich als jüngster Sergent die 24-Stunden-Ehrenwache machen.

***

## Unabhängigkeit Algeriens

Im Dezember 1963 erhielten wir die Nachricht, dass das 4. Regiment aufgelöst wird und viele von uns, mich eingeschlossen, nach Frankreich versetzt werden, um dort eine neue Aufgabe zu bekommen.

Wir feierten noch Abschied in den Bars und Bordellen und wurden dann nach diesen Feiern in Richtung Marseille in Marsch gesetzt.

Vorher machte mir eine Araberin, die im Gesicht total tätowiert war, sie war 18 Jahre alt, im Bordell ein ungewöhnliches Angebot. Sie war wahrscheinlich von anderen Legionären darüber aufgeklärt worden, was sich in Deutschland und auch in Frankfurt auf dem Markt der Zuhälterei verdienen ließ. Sie wollte, dass ich sie mitnehme nach Frankfurt, und dort würde sie für mich anschaffen. Ich bin mir sicher, sie wäre mit ihrem tätowierten Gesicht und ihrem guten Aussehen ein gutes Zugpferd geworden, aber leider war das nicht möglich.

Die Reise ging nach Algier auf ein Schiff, die Überfahrt war angenehm und sehr ruhig. Viele Leute konnten noch Dinge herausschmuggeln, da uns die neuen Machthaber nicht kontrollieren durften.

*

Es war nun so weit, endgültig Abschied zu nehmen von diesem Land, das geprägt ist von seinen Sandstürmen und Wolkenbrüchen, dem Schnee in den Bergen, der Hitze und auch der bitteren Kälte. Es hieß Abschied nehmen von so vielen Eindrücken und Erlebnissen, ob gut oder böse. Von Tieren, die ich zuvor nicht kannte, und die zu Beginn so fremd waren - Dromedare, Schakale, Skorpione, Taranteln, giftige Hornvipern, Schildkröten, Wüstenfüchse, Gazellen, Leguane, Stachelschweine und nicht zu vergessen die große Zahl der Fliegen und Moskitos.

Die Erinnerungen verweilen, auch heute noch, bei den Kameltränken, den intakten Römerbrunnen und den zerstörten römischen Ruinen, Dattelpalmen und Oasen. Die flimmernde Luft und Fata Morganen, die alles auf dem Kopf stehen lassen oder große See vorspiegeln.

Dieses Land hat viele Legionäre geprägt. Viele waren begleitet von Heimweh, das manche kaum verkraften konnten. Einige Legionäre desertierten oder nahmen sich das Leben - jeder von seinen ganz eigenen Gründen angetrieben.

Als ich an Bord des Schiffes ging, daran kann ich mich mit meinem Blick zurück erinnern, überkam mich eine leise Traurigkeit, da ich nicht wusste, ob ich jemals zurückkommen würde; und ich wusste auch nicht, was mir meine Zukunft bringen würde.

Auch ich wurde von meinen Unteroffizierskollegen gefragt, was ich mir als Abschiedsgeschenk wünschen würde. Einen Fotoapparat. Und ich bekam ihn tatsächlich geschenkt! Eine Kodak Retinette 1a mit Blitzlicht in einem Lederetui für die Formate 24 x 36 mm.

*

Von Marseille aus wurden wir nach Aubagne, das nur 13 km von Marseille entfernt ist, in das neue Hauptquartier der Legion gebracht. In Aubagne angekommen gab es großes Rätselraten, wo wir anschließend hinkommen würden.

Endlich war es so weit. Etwa 60 Mann, zum Teil Rekruten, mehrere Unteroffiziere, Capo Chefs und Mannschaften standen in Reih und Glied mit ihrem Gepäck, um auf die bereitgestellten LKWs aufzusteigen. Die Dienstgrade waren als Ausbilder für die Rekruten vorgesehen. Es war nicht besonders beliebt, wieder mit Drill zu arbeiten, diese Abneigung galt auch für mich.

Plötzlich kam einer Explosion gleich der Befehl: Caporal-chef soundso und meine Wenigkeit heraustreten aus der Reihe. Es gab für mich keine plausible Erklärung dafür, warum wir das tun mussten. Kurze Zeit später stand ein kleiner Transporter vor uns und der zuständige Offizier vom Dienst drückte mir den Marschbefehl für uns zwei in die Hand und sagte, sofort ab zum Bahnhof, ihr geht nach Straßburg. Wir luden unser Gepäck in den Transporter und ab ging's nach Marseille zum Bahnhof.

Vor der Abfahrt des Zuges hatten wir noch etwas Aufenthalt und ich trank noch einige Bierchen, um meinen Ärger über diese neue Situation hinunterzuspülen. Der Alkohol ließ mich aber aggressiv werden und so legte ich mich mit zwei Militärpolizisten der regulären Armee an. Die beiden Polizisten hatten aber einen zu großen Respekt vor einem Unteroffizier der Legion und ließen mich dann in Ruhe.

***

## Mein Dienst in Straßburg

Straßburg war die Hauptstelle für den Zulauf von Rekruten, ich habe auch dort angefangen. Von Straßburg aus ging jede Woche ein Transport mit Rekruten und Urlaubern nach Marseille. Es waren auch Leute dabei, die wieder zurückgekommen sind, um wieder neu zu engagieren, ihre Dienstzeit zu verlängern, die Rente aufzustocken oder aus persönlichen Gründen. Es kam auch jede Woche ein Transport entlassener Legionäre, nur Deutsche, aus Marseille in Straßburg an. Sie hatten am Bahnhof einige Stunden Aufenthalt und wurden in dieser Zeit von uns befragt, ob sie in Frankreich bleiben wollten, sie hätten Arbeit und Wohnung bekommen.

Dann ging der Transport weiter nach Offenburg, ab Straßburg war dann schon die deutsche Polizei im Zug und kontrollierte die Ausweise und Gepäckstücke, wir hatten dann keine Kontrolle mehr.

*

Meine Aufgaben in Straßburg waren sehr verschieden.

Die Transportbegleitung von neuen Rekruten nach Marseille hatte ich nur zu übernehmen, wenn kein Unteroffizier vorhanden war, der sowieso diesen Weg machen musste. Ab und zu kam ich dann als wachhabender Unteroffizier zum Einsatz und das war zu meinem Leidwesen sehr langweilig.

Manchmal hatte ich zum Beispiel auch den Postmeister zu vertreten, wenn dieser im Urlaub war. Das bedeutete den ganzen Posteingang und -ausgang zu regeln. Private Post kam zur Überprüfung in das Sicherheitsbüro.

Das Geld für den Sold der Rekruten musste ich ebenfalls abholen, das waren bis zu 30.000 Francs, etwa 30.000 DM bei einem Durchgang.

*

Am 30. April 1964, dem Camerone-Tag, der höchste Feiertag der Legion, übernahm ich mit 24 Mann die Ehrenwache und hatte somit 24 Stunden Dienst.

Die erste Vorbereitung war, die geeigneten Legionäre samt ihren Paradeuniformen für die Wache auf Vordermann zu bringen.

Meine Aufgabe war es dann, jedes Mal, wenn ein hoher Offizier oder gar General ankam, die komplette Wache zu präsentieren. Zudem wurden alle Gäste, es waren an die 500 Personen, nach einer vom Sicherheitsdienst erhaltenen Liste am Kasernentor überprüft; hierfür hatte ich zwei Caporäle zur Verfügung. Dazu kam die Abfertigung der Omnibusse für den kostenlosen Busverkehr von der Stadt zur Kaserne und wieder zurück – diese Fahrzeuge wurden von der regulären Armee zur Verfügung gestellt.

An diesem Festtag gehörten zu den Gästen auch meine beiden Brüder, meine Schwägerin und meine Mutter.

*Straßburg, Kaserne Guynemer, 30. April 1964: das Camerone-Fest. Die Ehrengarde war angetreten und ich begleitete an diesem Tag die Aufgabe des Postenchefs. Anmerkung: In dieser Kaserne habe ich 1959 meinen Vertrag unterschrieben.*

Eine weitere Aufgabe war eine Ausstellung zur französischen Fremdenlegion.

Das Team: Ein Sergent-chef und ich als sein Stellvertreter sowie zwei Legionäre als Fahrer für zwei Busse, die extra für Ausstellungen vorbereitet waren. Man konnte eine Plane auf einer Rohrkonstruktion über den Bussen anbringen und dadurch hatten wir einen ca. 40 qm großen Raum, der dazu diente, die Souvenir-Gegenstände, die von den Invaliden der Legion hergestellt wurden, zum Verkauf anzubieten. Es wurden auch Fotowände und Plakate aufgestellt, um Werbung für die Legion zu machen. Nachts schliefen alle vier Mann im

Bus, die Unteroffiziere jeweils im hinteren Abteil und die Fahrer im vorderen Bereich.

Doch diese Ausstellung hatte ein schlimmes Ende. Der Sergentchef hat mir aus meiner Geldbörse 400 Francs gestohlen und ist dann mit seinem Sportwagen, einem Renault Floride, der weder versichert noch versteuert war, abgehauen, da ihm seine Gläubiger auf den Fersen waren. Schließlich wurde ihm auch noch ein angeblicher Banküberfall angelastet. Einige Tage später wurde er aufgegriffen.

Bei meiner Rückkehr von der Ausstellung – ohne den Sergent-chef – machte ich Meldung bei unserem Hauptmann, der dafür verantwortlich war. Der hat sofort veranlasst, dass mir die 400 Francs vom Zahlmeister ausbezahlt und später vom Sold des Sergent-chef abgezogen wurden. Er wurde sofort versetzt und musste seine Schulden abbezahlen, danach wurde er zum Legionär 2. Klasse degradiert.

*

Doch es ging nicht immer nur um den Dienst. Der Caporal-chef, der mit mir zusammen nach Straßburg versetzt wurde, war schon seit 18 Jahren in der Legion. Er war auch in der Nähe von Straßburg verheiratet und hatte zwei hübsche Töchter im Alter von 18 und 20 Jahren. Er hat mich mehrfach zu sich eingeladen, vielleicht in der Hoffnung, dass ich mich für eine seiner Töchter interessieren würde, denn ich war auch gerade mal 26 Jahre alt und die Unteroffiziere der Legion waren sehr begehrt.

*

*Meine zwei Brüder haben mich 1964 in Straßburg besucht. Links von mir mein Bruder Hans und rechts von mir mein Bruder Richard, rechts hinten ein Opel Olympia von Hans. Das Foto wurde in den Rheinauen gemacht.*

*Besuch von meiner Schwägerin und ihrer Tochter Edith, die ich 1964 zum ersten Mal gesehen habe.*

***

## Mein CIA

Es war dann so weit, dass ich den Lehrgang für das Zertifikat Interarms[7], CIA genannt, machen musste. Das war nötig, um irgendwann befördert zu werden.

Bei mir war alles ohne Vorbereitung, ich ging auf den 15-km-Marsch mit Gepäck und Waffen. Den Marsch, der schon ein Dauerlauf war, musste man in einer Stunde schaffen. Die Strecke war direkt vor unserer Kaserne auf einem Zivilflugplatz - ich drehte meine Runden, bis die 15 km geschafft waren. Die Zeitvorgabe von einer Stunde habe ich geschafft, wenn auch einige Zigaretten dabei aus meiner Lunge herausflogen.

7 CIA – Certificat interarms

Als Zuschauer und anspornendes Personal standen fast alle Offiziere und Unteroffiziere vor der Kaserne, um zu sehen, wie ein junger Unteroffizier sich abrackert. Das ganze Spektakel war eine absolute Seltenheit, denn die ganze Belegschaft in Straßburg bestand aus alten Herren, die schon alles hinter sich hatten.

Am nächsten Tag musste ich in die Stadt zu einem Schwimmbad, um für meine Prüfung mindestens 50 m zu schwimmen. Die warten heute noch auf mich, denn ich bin nicht hingegangen, weil ich nicht schwimmen kann. Ich habe den ganzen Tag in der Stadt in einigen Kneipen verbracht und mir ein paar Bierchen gegönnt. Am Abend bekam ich dann das Donnerwetter vom Hauptmann, sieben Tage Bau, denn es war ja schon eine Befehlsmissachtung.

Auf Grund dieser Strafe durfte ich nicht in die Unteroffiziersmesse gehen, den Dienst aber normal verrichten, und das Essen wurde mir auf dem Zimmer serviert. Nach dieser Woche Strafe musste ich trotzdem meine Schulung weitermachen, der nächste Abschnitt war im *Camp militaire de Bitche*, einem großen Ausbildungslager und Manövergelände im Ort Bitch, der 35 km von Straßburg entfernt liegt.

Mit einem Seesack, einem Gewehr, einer Maschinenpistole und einer Pistole machte ich mich auf den Weg zum Bahnhof und fuhr zum Camp nach Bitche, um dort sechs Tage lang mein Examen, wie schon erwähnt, ohne Vorbereitung, für das CIA zu absolvieren. Wir waren insgesamt 150 Unteroffiziere aus dem ganzen Bereich der regulären Armee und ich der einzige Exot von der Legion.

Während diesem Aufenthalt in Bitch ging ich in einer kurzen freien Zeit im Tarnanzug und schwarzrotem Képi die Straße entlang. Es kamen mir eine Kompanie Offiziersschüler im Parademarsch entgegen, vorweg marschierte ein Hauptmann und ich salutierte. Als er mich sah ließ er die ganze Kompanie haltmachen und kam auf mich zu. Das überraschte mich völlig, aber als er vor mir stand, sah ich, wen ich da vor mir hatte: Es war Hauptmann Bontete, mein früherer Kompaniechef an der tunesischen Grenze. Das war der damalige Leutnant, mit dem ich zusammenstand, als ein 155er Artilleriegeschoss neben uns niederging und nicht explodierte. Wir unterhielten uns über alte Zeiten und er gratulierte mir zum Unteroffizier. Damals an der tunesischen Grenze war ich noch ein Caporal.

Es darf angenommen werden, dass sich die jungen Offiziersschüler sehr gewundert haben, weil sich ihr Chef so lange mit einem Fremden unterhalten hat. Man ist aber immer wieder erfreut, wenn man alte Kameraden trifft.

MINISTÈRE DES ARMÉES " TERRE "

DIPLOME

DU CERTIFICAT INTERARMES

Moyenne : 13,28 Mention : Passable

Délivré à (1) S T E L Z L Alexander

Sergent

d (2) 1° Régiment Étranger C.R.L.E. m.C.T.J

A BITCHE-CAMP, le 24 JUIN 1964

Le Général (3) de Division

Gouverneur Militaire de

Commandant la VI° Région :

(1) Nom, prénoms, grade.
(2) Corps ou subdivision (pour les réserves.)
(3) Région, territoire ou corps d'armée.

*Diplôme du Certificat Interarmes*

Das Zertifikat bekam ich mit Punkteabzug, weil ich nicht geschwommen war. Bei der Prüfung fielen etwa 50 Mann durch und ich beendete diese lange Woche als Neunundvierzigster. Ich bestand mit 13,28 von 20 möglichen Punkten.

***

## Wieder in Straßburg angekommen, ging es weiter mit dem Alltag.

Ein langgedienter Legionär, der an der Bar in der Unteroffiziersmesse arbeitete, war verschwunden. Zwei Tage später kam die Nachricht, dass der Mann auf deutscher Seite, nur mit einer Badehose bekleidet, ertrunken aus dem Rhein gefischt wurde. Einige Tage später kamen seine Angehörigen aus Deutschland und ich musste für den Hauptmann vom Sicherheitsdienst dolmetschen. Wir konnten aber keinerlei Motiv für seinen Tod oder auch die Möglichkeit eines Unfalls finden. Der Fall blieb ungeklärt.

Die privaten Dinge des Legionärs haben wir den Angehörigen mitgegeben. Es war auch für uns ein Verlust, denn der Mann war sehr gut und wir hatten alle Vertrauen zu ihm.

*

Wir hatten einmal einen Sergent auf Urlaub bei uns. Er hatte seine Eltern aus Deutschland nach Straßburg eingeladen. Das war von der Lage her sehr günstig für Deutsche, da die Landesgrenze so nah war. Wie sich herausstellte, hatte er seinen Eltern fürchterliche Lügen aufgetischt, was er alles erreicht hat und was er alles besaß. Dem war aber nicht so, und um diesen Lügen und vielleicht noch anderen

Schwierigkeiten aus dem Weg zu gehen, hat er eine Verzweiflungstat begangen. Er schnitt sich die Pulsadern an beiden Armen auf und sich vor den Zug gelegt. Als er gefunden wurde, war das kein schöner Anblick. Es muss schon etwas Gravierendes als Grund für seine Tat vorhanden gewesen sein ...

*

Der nächste Kandidat war auch ein Sergent auf Urlaub. Er hatte ein Problem mit einer Frau und die Beziehung ging daneben, außerdem sollte er nach Tahiti versetzt werden. Er schluckte etwa 20 Aufputschtabletten. Man kann sich nicht vorstellen, wie der Mann sich benommen hat ... Der Unteroffizier vom Dienst, ein alter Haudegen, sagte zu mir: Hol sofort den Dienstwagen (einen Citroën 2 CV) mit dem Chauffeur.

Der Unteroffizier saß vorne beim Chauffeur und ich hinten mit unserem Verrückten, um auf ihn aufzupassen. Plötzlich öffnete er die Türe und wollte hinausspringen. Mit eisernem Griff hielt ich ihn fest, und der Adjudant-chef schlug ihn vom vorderen Sitz aus. Anschließend haben wir ihn in die Psychiatrie eingeliefert. Was dann mit ihm passiert ist, blieb für uns unbekannt.

*

Den absoluten Höhepunkt aber haben drei Männer aus Köln geliefert. Sie kamen mit einem Taxi mit Kölner Autokennzeichen direkt vor die Kaserne gefahren und wollten zur Legion. Sie wurden hereingelassen und sie durchliefen die Prozedur wie alle Bewerber. Wir wurden von der Gendarmerie informiert, wer diese Männer waren. Mein Chef vom Sicherheitsdienst sagte zu mir, ich solle mit einem Dienstwagen in die Stadt fahren und einer der drei Männer musste mit dem Taxi hinterherfahren, um es in der Stadt abzustellen. Anschließend nahm ich den Mann mit zurück in die Kaserne.

In der Zwischenzeit war bei uns jedoch eine genauere Information zu den Männern eingegangen: Sie hatten in Köln den eigentlichen Taxifahrer ermordet. Es wurde mit der Gendarmerie in Straßburg telefoniert und vereinbart, dass wir die drei Mörder vor die Kaserne bringen sollten.

Die Gendarmerie postierte fünf Funkwägen vor der Kaserne und ich musste die drei vor das Tor bringen, wo sie schon sehnsüchtig erwartet wurden. Solche Leute hatten wir nicht nötig, da wir einen großen Andrang hatten und nur gute und einwandfreie Anwärter annahmen.

*

Da man wollte, dass ich in der Legion bleibe, gab man mir die Erlaubnis, in Zivilkleidung auszugehen. Ich wollte nach Nancy zum deutschen Konsulat fahren und dort einen deutschen Pass zu beantragen, denn meine fünf Jahre waren bald zu Ende. Bevor ich in der Legion weiter dienen wollte, hatte ich zur Bedingung gemacht, Urlaub in Deutschland zu bekommen, um einige private Sachen zu regeln. Das Konsulat aber gab mir keinen Pass mit der Begründung: Sie sind ja sowieso bald fertig mit Ihrer Dienstzeit!

Also was tun? Mein Chef vom Sicherheitsbüro hatte sehr viel Vertrauen zu mir und sagte, dass ich in Armeekleidung der regulären Uniform nach Deutschland fahren könnte. Das lehnte ich jedoch ab, denn wäre etwas schief gegangen und man hätte mich in Deutschland festgehalten, wäre ich in Frankreich als Deserteur behandelt worden. So gab ich lieber mein Vorhaben auf.

***

## Pferderennen

Da ich nicht nur Dienst, sondern auch Freizeit hatte, habe ich meistens am Wochenende einen 24-Stunden-Urlaubsschein ausgefüllt. Die Unterschrift des Adjudant der Kompanie war mir sicher, da ich ihn noch als Sergent von Algerien her kannte.

So unternahm man in der freien Zeit mit Kollegen kleine Kneipentouren in der Stadt. Jedoch war der Sold in Frankreich viel geringer als der in Algerien, auch war in Frankreich alles viel teurer und so konnte ich keine großen Sprünge machen.

Ein Kollege animierte mich, beim Pferderennen mitzuspielen. Er erledigte den Spieleinsatz von drei Francs für mich, ich gab drei Zahlen an und wollte ihm im Falle eines Gewinns mit zehn Prozent beteiligen. Ich kann mich noch ganz genau daran erinnern: das waren die 1 und die 10 und die 7. Meine braven Pferdchen liefen exakt in dieser Reihenfolge ins Ziel. Bingo! Der Gewinn waren 15.000 Francs. Das war mehr als der Jahressold eines Unteroffiziers und das kam mir gerade recht!

Meinem Kollegen habe ich selbstverständlich sofort nach Empfang des Geldes 1.500 Francs übergeben.

Und da ich nun gut bei Kasse war, konnte ich mich ins Vergnügen stürzen!

***

## Eine Begegnung

So ging ich irgendwann im Mai 1964 auf Tour und nach mehreren Kneipen und Bars – Bordelle gab es nach meinem Wissen nicht – landete ich in einer kleinen, aber gemütlichen Bar direkt neben dem weltberühmten Münster von Straßburg. Die Bedienung waren zwei hübsche Mädchen. Eine von den beiden hatte auf den ersten Blick etwas ganz Besonderes an sich: Sie hatte ein sympathisches Auftreten und ein ganz besonderes Lächeln. Sie war sehr ruhig und sehr schön mit ihren schwarzen Haaren und kleinen Statur … und irgendwie kam sie mir bekannt vor. Später nannte ich sie auch *petite femme* (kleine Frau) *von Strasbourg*.

Nachdem ich die beiden Mädchen zu einer Flasche Champagner eingeladen hatte, kamen wir ins Gespräch und ich bemerkte *Manuela*. (Um ihr etwaige Unannehmlichkeiten zu ersparen, nenne ich sie Manuela, denn das war damals ein beliebter Schlager aus der Musikbox, den wir immer wieder aufgelegt hatten.)

Nachdem mir dieser Abend, oder besser gesagt die Nacht, mit den beiden Mädchen sehr gut gefallen hatte, ging ich wieder und wieder hin, bis wir uns so sympathisch waren, dass wir uns, Manuela und ich, an einem Abend zum ersten Mal draußen vor der Tür geküsst haben. Von da an wusste ich, dass wir uns näherkommen würden. Diese Frau mit ihren 23 Jahren war wie ein Magnet für mich und ich für sie.

Diese Frau hat sich nie geschminkt, aber sie benutzte ein Parfüm, das so betörend war, dass ich es auch noch nach 50 Jahren erkennen würde, und erst später sollte ich erfahren, warum sie mich als Legionär so sympathisch fand. Ich wusste, dass sie aus Algerien stammte, aber mehr nicht.

Sie beendete irgendwann die Arbeit in dieser Bar und fing in einem Restaurant mit dem Namen *Brasserie de L'Aimant* (Bierlokal zum Magneten) an. Wir trafen uns weiterhin, hatten gute Gespräche und sie saß nur noch an meinem Tisch. Sie ging nur noch von ihrem Platz weg, um andere Gäste zu bedienen; ihre Freundin Renée kümmerte sich um alles andere im Lokal.

Und so hat sich sehr schnell herausgestellt, dass es damals sowohl für sie, mit einem brutalen Freund, als auch für mich die erste große Liebe war. Da ich zu dieser Zeit jedoch keine großen Erfahrungen mit Frauen hatte - außer kurzfristige Beziehungen und beim Militär mit den Frauen im Bordell zu tun hatte -, war Manuela und unsere Liebe etwas ganz Neues für mich.

Irgendwann war es dann so weit, dass sie sich von ihrem Freund trennte und sich ganz mir zugewendet hat.

Von einem verheirateten Kollegen, der zusammen mit seiner Frau für einige Zeit im Ausland war, erhielt ich den Schlüssel für seine Wohnung in der Avenue Jean Jaures Nr. 13. Das Appartement war in einer kleinen Villa in der Stadt und bot die Möglichkeit, dass wir uns treffen konnten. Wir kannten uns schon zwei Monate und hatten nun, nachdem sie endlich frei war, das große Verlangen, uns endlich hinzugeben.

Bei unserem ersten Treffen in dieser Wohnung, das war für mich eine wunderbare Situation, bemerkte ich, dass sie zwei Narben im Bauchbereich hatte. Nachdem ich sie gefragt hatte, was sie da gemacht habe, fing sie an zu weinen und zu schluchzen. Sie war sehr aufgeregt und erst als ich sie getröstet hatte, fing sie an, sehr zaghaft zu erzählen.

Sie sagte mir, dass sie auf der Farm ihrer Eltern von ihren eigenen Farmarbeitern überfallen worden waren, und erklärte mir, was die

Farmarbeiter mit ihren Eltern, Großeltern und den beiden Brüdern gemacht hatten. Sie sagte auch, dass einer mit einer Flinte auf sie geschossen habe und sie anschließend geflüchtet sei und sich verstecken konnte. Dann sagte sie mir, dass ein Legionär sie gefunden und zu einem Hubschrauber getragen habe. Nach diesen Erklärungen kamen langsam Erinnerungen in mir hoch, ich war total erschüttert und erzählte ihr einige Details vom damaligen Vorfall. Sie sah mich ungläubig an und war dann noch mehr überrascht, als ich ihr sagte, dass ich sie damals auf meinen Armen zum Hubschrauber getragen habe und wir die Mörder alle getötet hatten. Ihre Antwort war, dass ich sie für immer auf meinen Armen tragen müsse. Und von diesem Moment an war unsere Beziehung fest verankert, wir dachten *für immer*.

Es war für sie sehr schmerzhaft in Algerien alles zu verlieren, auf sich alleine gestellt zu sein und in Frankreich neu anzufangen. Sie ging nach Straßburg, um endlich Ruhe zu finden und arbeitete bei der Post. Da der Verdienst sehr gering war, fing sie im Gastgewerbe an. Hier hatte sie größere Chancen mehr Geld zu verdienen.

Wenn ich dienstlich unterwegs war, schrieb sie mir immer wunderschöne Briefe, hat aber immer wieder durchblicken lassen, dass sie Angst vor einer Trennung habe. Was durchaus begründet war, denn auf Grund meiner Tätigkeit konnte ich jederzeit versetzt werden.

*Manuela*

Nach einiger Zeit, als wir uns besser kannten, eröffnete sie mir, dass sie 50.000 Francs gespart hatte und mit mir ein neues Leben beginnen möchte.

Sie wünschte sich auch ein gemeinsames Kind – ob etwas daraus geworden ist, weiß ich bis heute nicht.

***

## Aubagne und zurück

Das Leben ist grausam und die Trennung kam schneller, als wir es je dachten: Anfang Oktober 1964 bekam ich den Marschbefehl nach Marseille. Da ich keinen neuen Vertrag abgeschlossen hatte, musste ich diesen Weg gehen. Auch wenn ich meinen Vertrag verlängert hätte, wäre ich nach Tahiti oder Südamerika versetzt worden. Mein Kommandeur sagte immer zu mir: Du bist viel zu jung, um hier in Frankreich zu versauern.

Ich habe mich natürlich bei Manuela verabschiedet mit dem Versprechen, dass wir uns nach meiner Entlassung wiedersehen.

Wir, etwa 30 Mann, wurden von Straßburg aus mit dem Zug nach Marseille in Marsch gesetzt und anschließend in das 13 km entfernte Aubagne zur Entlassung gebracht.

In Aubagne gammelten wir einige Zeit in Bistros und BMCs herum, bis ein Unteroffizier vom Dienst mit einer kleinen Schikane auftauchte. Drei Tage vor meiner Abreise wurde ich noch zu einer 24-Stunden-Ehrenwache als Postenchef eingeteilt. Beim Abschreiten der Wache durch den Oberst des 1. Regiments stellte dieser fest, dass ein Legionär einen Knopf an seiner Jacke nicht zuhatte. Doch dieser Oberst war sehr gnädig mit mir, er kannte mich vom 4. Regiment, und er war auch derjenige, der mir mein *Croix de la Valeur Militaire* verliehen hat.

Nach dieser kurzen Zeit in Aubagne wurden wir mit vielen Legionären wieder Richtung Straßburg in die Freiheit entlassen. Im Zug habe ich mich in Zivil umgezogen, obwohl das verboten war. Da ich aber wusste, dass wir in Straßburg zwei Stunden Aufenthalt haben würden, wollte ich noch schnell zu Manuela, um mich zu verabschieden, denn die Reise ging ja weiter nach Deutschland.

Sie war aber nicht da und so musste ich unverrichteter Dinge zum Bahnhof zurück, der nur einen Kilometer entfernt war.

*Certificat de Bonne Conduite*
*Das Certificat de Bonne Conduite ist das Führungszeugnis, man bekommt es nur nach fünf Jahren Dienstzeit bei sehr guter Führung und dieses Zeugnis ist auch in Frankreich sehr wichtig für ein späteres Berufsleben als Zivilist.*

Wieder im Zug angekommen, standen draußen meine ehemaligen Kollegen von der Kaserne in Straßburg und haben die Leute befragt, so wie ich das früher gemacht habe.

Dann ging es mit großem Trara in Begleitung der deutschen Polizei und des deutschen Zolls in Richtung Offenburg. Dort war die endgültige Entlassung. Wir mussten noch eine Durchsuchung von Gepäck und Kleidung über uns ergehen lassen und dann wurden wir von der regulären Armee zum Bahnhof gefahren. Dort kauften mein Freund Helmut, der auch entlassen wurde, und ich eine Fahrkarte nachhause. Somit war unser Abenteuer im Dienste der Legion beendet, was aber nicht heißt, dass wir keinen Kontakt mehr hatten.

***

# Streifzüge der Erinnerung

Es folgen einige Episoden und Berichte, welche das Leben eines Legionärs beschreiben. Sie sind nicht chronologisch, aber dafür umso frappierender, da nach so vielen Jahren immer wieder Erinnerungen zum Vorschein kommen, bei denen man glaubt, sie längst vergessen zu haben.

Dieses Kapitel soll verdeutlichen, dass Legionäre nicht nur kämpfen und schießen, sondern auch einen Alltag haben, den sie mit Wäschewaschen, Reinigungsarbeiten, Waffenpflege und mit noch vielen anderen Aufgaben und Arbeiten verbringen.

***

## Außenposten

Unsere Section war auf einem Außenposten in der Nähe von Negrine stationiert, auf einer kleinen Befestigung auf einem Felsplateau. Bier und Post wurden vom Flugzeug abgeworfen. Um die Leute zu beschäftigen, fuhren wir in die Umgebung und gruben alte Römerdörfer aus. Wir benutzten auch die alten Römerbrunnen. Die hatten immer noch sehr gutes Wasser.

In diesen Römerdörfern, die alle schon dem Erdboden gleichgemacht waren, haben wir sehr viele Dinge wie zum Beispiel Münzen, Öllampen und alte Schmuckstücke sowie einen alten Friedhof gefunden.
Mit diesen Funden legten wir auf unserem Posten ein kleines Museum an. Später beim Abzug haben die Offiziere alles mit dem Hubschrauber abtransportiert und verkauft.

*Der Granatwerfer war noch eingehüllt, da es sehr kalt auf diesem Posten war.*

*Warten auf bessere Zeiten.*

***

## 300 Dromedare

Bei einer Kontrollfahrt in dieser Region sahen wir eine sehr große Herde von verwilderten Dromedaren ohne Besitzer – es waren an die 300 Tiere, und unser Kompaniechef hatte einen guten Einfall: er bot diese herrenlosen Tiere den Arabern in der nächsten Ortschaft zum Kauf an, aber diese Leute waren ihrer Meinung nach sehr schlau. Da sie wussten, dass bald der Waffenstillstand kommt, dachten sie, dass sie die Dromedare dann umsonst bekommen würden.

Der Einzelwert der Tiere lag damals bei umgerechnet etwa 300 DM – das wussten wir aus dem Grund, weil ein Mädchen zum Heiraten entweder nach Geld oder der Anzahl von Dromedaren, Ziegen, Schafen und Rindern berechnet wurde.

Auf alle Fälle lachten sie uns aus, das hat natürlich unserem Kompaniechef nicht gefallen. Er ließ die ganze Kompanie antreten und in Stellung gehen. Alle uns zur Verfügung stehenden Waffen wurden feuerbereit gemacht und es kam der Befehl *Feuer frei*. Dies bedeutet, dass alle MGs, MPs und Gewehre auf die verwilderten Dromedare feuerten, und nach einigen Minuten war alles vorbei. Die Araber hatten ein schlechtes Geschäft gemacht und das Lachen ist ihnen sicher auch vergangen.

Einige Tage später kamen wir wieder an der Stelle vorbei, wo das Massaker passierte. Wir sind allerdings sehr schnell wieder verschwunden, denn in der Hitze konnte man den Gestank nicht lange ertragen.

***

## Wüste, Hitze und Fata Morganen

Die Sahara: Eine Strapaze, aber auch etwas Faszinierendes, das ich gehasst und auch geliebt habe.

Die Sanddünen mit ihren unvergesslichen Farben, die Ebenen, die so flach waren, dass wir mit allen Fahrzeugen der Kompanie in einer Linie mit einer Geschwindigkeit von mehr als 80 km/h fahren konnten. Die Berge waren schwarz und bis zu 3.000 Meter hoch. Manchmal war das Gelände mit vielen versteinerten Baumstämmen übersät, die kreuz und quer herumlagen.

Um sich ein Bild zu machen: Die ganze Sahara ist fast so groß wie die Vereinigten Staaten von Amerika und die größte Trockenwüste der Erde. Von den Arabern wird die Sahara Meer ohne Wasser genannt – zu Recht.

*

Wenn wir bei größter Hitze des Tages in der Sahara mit unseren Fahrzeugen unterwegs waren, dann sehr oft in Begleitung einer Dromedar-Karawane oder einem LKW-Konvoi, die wir auf den Kopf gestellt und auch in normaler Abbildung beobachten konnten. Das waren Luftspiegelungen, bekannt als Fata Morganen. Als ich eine Fata Morgana, von der ich ja schon bei Karl May gelesen hatte, zum ersten Mal gesehen habe, war ich schon sehr überrascht.

Aber mit diesen Heißluftspiegelungen und optischen Täuschungen ging es noch weiter. Es tauchten vor uns riesige Seen auf, als wir mit den Fahrzeugen unterwegs waren, doch wir kamen ihnen nie näher.

*

Wenn Rast gemacht wurde, lagen wir im Schatten der Fahrzeuge, und das alles bei 50 Grad Celsius!

Beim Marschieren waren unsere Kampfanzüge nicht nur gesprenkelt, sondern an Stellen wie im Gürtelbereich, an den Achselhöhlen, im Brustbereich und am Rücken war alles weiß von den ausgeschwitzten

Salzen, deshalb mussten wir auch sehr oft Tabletten einnehmen, um den Salzgehalt im Körper aufrechtzuerhalten.

*

Die Holzsitze des 6x6 Dodge wurden bei dieser Hitze so heiß, dass wir uns den Hintern verbrannt hätten, deswegen wurden immer Decken ausgebreitet. Etwas Wasser auf mehrere Wollsocken geschüttet und im Auto aufgehängt, brachte durch die Verdunstung des Wassers ein wenig Kühlung.

Und auf der Motorhaube hätte man sprichwörtlich Spiegeleier braten können. Deshalb braucht man sich nicht zu wundern, dass immer wieder eine Benzinpumpe gestreikt oder ein Reifen seinen Geist aufgegeben hat. Der Reifen wurde gewechselt, bei der Benzinpumpe war es schon komplizierter. Dann wurde die Pumpe außer Betrieb gesetzt, mit einem Schlauch direkt an den Vergaser angeschlossen und durch kurzes Ansaugen von Benzin mit dem Mund aus einem Kanister, wurde das Fahrzeug wieder in Gang gesetzt - der Beifahrer hielt diesen Kanister samt Schlauchverbindung bis er leer oder die Pumpe abgekühlt war.

Das Schlimmste auf den Fahrten, waren große Pisten, die nicht befestigt und Querrillen hatten. Wenn unsere Dodges mit großer Geschwindigkeit fuhren, wurde man so durchgeschüttelt, dass man Nierenschmerzen bekam. Ich stellte mich oft im Fahrzeug neben dem Fahrer auf die Füße, um etwas abzufedern.

Auf Straßen und Pisten kamen immer wieder starke Sandverwehungen vor, die sehr gefährlich für Fahrzeuge waren. Unsere Fahrer mussten üben, dass sie keine Gegenlenkung ausführten, wenn man von der Piste abkam, da ansonsten das Fahrzeug ausbrach und kippte.

Dann wieder erlebte ich den Regen in der Wüste. Zwei Mal war er so heftig, dass in kürzester Zeit das Wasser in den tieferen Lagen 80 cm hoch stand. Aber genauso schnell, wie das Wasser kam, war es auf dem ausgetrockneten Boden wieder verschwunden und man konnte weiterfahren.

Ganz anders hat es sich mit dem Wind verhalten. Es gab immer wieder eine Windhose, die sich hochschraubte und wieder in sich zusammenfiel.

Der Sand war durch den Wind in Bewegung: Er kletterte die manchmal mehrere 100 Meter hohen Dünen an der Windseite hoch, und setzte sich auf der Windschattenseite wieder ab.

Diese sandführenden Luftbewegungen reichten immer aus, um uns zu ärgern - Schuhe, Kleidung, Waffen, selbst beim Essen knirschten die Zähne.

***

## Der Höhepunkt: ein Sandsturm!

Wir hatten alle die Schutzbrillen aufgesetzt, weil uns der Wind den Sand ins Gesicht trieb. Als der Sturm immer stärker tobte, und so viel Sand in der Luft war, dass er die Sonne verdeckte, wurde es dunkel. Es wurde Halt gemacht und wir zogen alle zum Schutz Zeltplanen über die Köpfe. Soweit es möglich war, suchten wir sogar Deckung unter den Fahrzeugen. Der Sturm war ziemlich schnell vorbei und wir befreiten uns vom Sand, der auf uns und den Fahrzeugen lag. Anschließend konnte die Fahrt weitergehen.

Bei einem anderen Sandsturm kam eine etwa 80-100 Meter hohe dunkle Wand aus Sand auf uns zu. Es wurde sofort gestoppt und wir bereiteten uns in Windeseile, so gut wie möglich, darauf vor. Und dann ein Wunder: die furchterregende Wand aus Sand brach in sich zusammen und der Sturm war vorbei. Großes Aufatmen und Weiterfahrt.

*

Am Abend, wenn es die obligatorische Pause für die Nacht gab, suchten wir, nachdem wir unser Essen hinter uns hatten und eine Nachtwache aufgestellt war, den Boden nach Sandvipern ab und hüllten uns in Zeltplanen und Decken ein. Man beobachtete noch eine Weile den unglaublich klaren Sternenhimmel und hing seinen Gedanken nach.

Die Gedanken konnten in solchen Momenten sehr weit wandern. Es fielen mir zum Beispiel Liedertexte aus den fünfziger Jahren ein, von denen ich noch ein paar Sätze wusste. Das war ungefähr so: Ich hab an dich gedacht die ganze Nacht, doch wir ziehen immer weiter und wir ziehen immer weiter nach dem Süden hin. Oder ich dachte an einen großen Forst im Süden Münchens, wo wir uns als Kinder nach dem Krieg aufgehalten und mit dem Kriegsgerät, das überall herumlag, gespielt haben - auch mit den noch vollkommen intakten Messerschmitt 262 Turbinenjägern, die auf einem der Feldflughäfen herumstanden, voll aufmonituniert, jedoch ohne Treibstoff. Sie wurden mit all den anderen Jagdflugzeugen von den Amerikanern gesprengt, so haben wir unser Taschengeld mit Altmetall sammeln verdient.

Als dann die Nacht vorbei war, ging der alte Trott los und wir zogen weiter.

*

Leider fanden in der Sahara nicht nur Sandrosen, sondern auch immer wieder Hinterlassenschaften der Legion - unzählige Verstecke, wo etwas im Sand vergraben war: leere Bierflaschen und Dosen, Reste von Rationskartons und sonstigen Abfall.

***

## Viele Tiere und Tierchen

Es gibt in Algerien viele Tiere, die ich noch nicht kannte, wie beispielsweise Taranteln, Skorpione, Sandvipern und vieles mehr. Die Sandvipern sind sehr giftig, und bei einer Übernachtung im Freien, haben wir zuvor alles genau abgesucht.

Ein Legionär besaß einen Wüstenwaran, der immer dabei war. Das Tier war ungefähr einen Meter lang und holte, wenn wir in Häuser und Hütten hineingingen, um Durchsuchungen zu machen, die Schlangen aus ihren Verstecken. Dieser Waran hatte kein langes Leben bei uns, denn ein Idiot hat den Waran mit einem Besenstiel geärgert. Dieser biss sich fest, brach sich den Kiefer und musste anschließend getötet werden.

Unser Sektionschef hatte einen jungen Fennek. Das ist ein Wüstenfuchs, der sehr niedlich war. Eines Tages stürzte er eine Felswand hinunter und war tot.

Es gab auch Schildkröten und Stachelschweine und je nach Region auch Gazellen, Hirsche und Wildschweine. Bei einer Schildkröte haben wir einen Test gemacht, da man immer gehört hatte, dass die Panzer so stark sind, dass ein Auto drüberfahren kann, ohne dass der Panzer kaputtgeht - der Test ergab etwas anderes.

Doch das, was es am meisten gab und was am lästigsten war, waren die Moskitos und die Fliegen. Wenn man sich im Freien ein Brot mit Leberwurst aus der Dose belegte, waren sofort 50 Fliegen als Zusatzfleischbeilage dabei.

Hinzu kamen noch die kleinen Plagegeister wie Läuse, Wanzen und die sogenannten Sackratten (Filzläuse). Wenn jemand sie hatte, kam sofort der Sanitäter zum Einsatz und es hieß alle Mann antreten und die Hose runter! Der Sani warf dann aus einem großen Sack, der auf einer Schubkarre lag, jedem Legionär eine Handvoll DDT-Pulver über die Schambehaarung. Es war ein lustiger Anblick, wenn alle einen weißen Fleck vorne drauf hatten und mit heruntergelassener Hose dastanden.

***

## Jagd

Bei einer Erkundungsfahrt sah ein Legionär mehrere Gazellen auf einem Berggrat laufen. Wir hielten an und ein MG-Schütze eröffnete das Feuer. Zwei von den Gazellen haben wir erlegt, dem Bock schnitten wir den Hodensack ab und stülpten ihn zur Verzierung auf ein Zippo-Feuerzeug. Auf dem Hodensack waren ganz feine Haare und als er getrocknet war, zog sich die Haut zusammen und lag ganz fest auf dem Feuerzeug.

*

Eine Hirsch- und Wildschwein-Jagd haben wir manchmal vom Hubschrauber aus getätigt. Da wir aber mit der 12,7mm-Bordkanone geschossen haben, war das getroffene Tier schon etwas zerlegt. Mein

Großvater, ein Berufsjäger, hätte sich im Grabe umgedreht, wenn er unsere nicht fachgerechte Jagdmethode gesehen hätte.

*

Da wir nicht wussten, wie Dromedar-Fleisch schmeckt, haben wir es kurzerhand ausprobiert. Bei der ersten Gelegenheit, die nicht lange auf sich warten ließ, haben wir ein Dromedar abgeschossen und gleich zerlegt, um endlich das Fleisch zu probieren. Es waren immer einige Fachleute zur Verfügung, die sich um die Zubereitung gekümmert haben. Das rohe Fleisch war zartrosa und nach der Zubereitung so gut wie ungenießbar, zäh wie Leder und ein Geschmack ... undefinierbar! Fazit: nie wieder Dromedar-Fleisch.

***

## Geier-Sturzflug

Es kam sehr oft vor, dass irgendwo im Gelände ein totes Tier lag. Nachdem wir das gesehen haben, dauerte es nicht lange, bis der erste Geier am Himmel zu sehen war. Doch dabei blieb es nicht, es kamen immer mehr und mehr, so dass man meinte: Ihr Funkverkehr funktioniert recht gut.

Bevor sie auf das Aas herunterkamen, kreisten sie in einer sehr großen Höhe, also im Normalfall mit einem Schrotgewehr nicht zu erreichen. Da ich aber unbedingt wissen wollte, ob man mit einem Militärgewehr eine Chance hat, so einen Vogel zu treffen, habe ich es kurzerhand ausprobiert

Das Problem war, ein Gewehr ist auf eine gerade, also horizontale

Linie eingeschossen und wenn man nach oben schießen will, dann ändert sich alles. Ein Glückstreffer war also angesagt. Ich nahm ein halbautomatisches Gewehr MAS-56 im Kaliber 7,5 mm mit einem Zehn-Schuss-Magazin, und nach einigen Schüssen hat es geklappt: Der Geier kam aus ca. 200 Metern wie ein Sturzkampfbomber herunter und schlug auf wie ein Geschoss.

***

## Maskottchen

Unsere Kompanie hatte einen Esel und einen Schafbock als Maskottchen in unserer Basis nahe Bône. Der Esel war jeden Tag besoffen, aber er hat nur gutes Kronenburg oder Mutzig Bier gesoffen. Das Fliegerbier, das wir manchmal zu Sauerkraut und Fleischplatte bekommen haben, war ihm nicht gut genug, denn wenn wir ihm die Flasche Bier ins Maul gesteckt haben, wurde sie sofort auf den Boden gelegt, ohne dass er getrunken hat.

Der Schafbock war auf Tabak dressiert. Er hat alle Zigarettenstummel vom Boden gefressen und manchmal haben die Leute ihm zum Spaß eine ganze Packung zum Fressen gegeben, das Tier war immun gegen Nikotin.

***

## Ein fataler Irrtum

Wir hatten nahe der tunesischen Grenze wieder einmal ein Biwak in einem Korkeichenwald mit Zeltbetrieb bezogen.

Nach einigen ruhigen Tagen machten wir am Abend unter ein paar Kumpels ein kleines Fest und haben anständig dem in der Feldküche organisierten Rotwein zugesprochen. Nachdem wir ausgiebig abgefüllt waren, legten wir uns im Zelt auf die Feldbetten zum Schlafen. Die ersehnte Nachtruhe war aber schnell vorbei, denn um 3 Uhr am Morgen hat der Trompeter Alarm geblasen. Wir mussten mit der ganzen Kompanie in kürzester Zeit voll ausgerüstet und bewaffnet an den Fahrzeugen antreten.

Beim Vorbereiten mit Ankleiden und Fertigmachen der ganzen Ausrüstung war natürlich auch sehr wichtig, dass man Wasser zum Trinken mitnahm. Beim Griff zu meinem kleinen Rucksack ertastete ich in meinem benommenen Zustand die vermeintliche Wasserflasche.

Kurz darauf ging es mit unseren Fahrzeugen an die Grenze und beim Absitzen war mir schon ganz mulmig. Ich konnte meinen Gürtel, wo die ganzen Magazine für meine MP dran waren, nicht mehr schließen und hatte Schwierigkeiten beim Gehen.

Unser Ziel war der mit 5.000 Volt geladene Stacheldraht, der von den Rebellen gesprengt worden war, so dass sie durchkommen konnten ins Innere des Landes. Die Aufgabe war nun, diese Leute zu finden und außer Gefecht zu setzen. Wir durchkämmten bis zum Tagesanbruch das gesamte Gelände. Mein Mund war sehr trocken, ich war durstig, mir war übel und ich war kraftlos. Nun, ich dachte, das ist kein Problem, ich habe ja Wasser im Rucksack.

Als ich dann die vermeintliche Wasserflasche aus dem Rucksack holte, waren der Schrecken und die Überraschung riesig, da ich eine Batterie von einem Handfunkgerät PP 8 herausholte. Diese Batterie hatte ungefähr die Größe und das Gewicht einer vollen Aluminiumflasche.

Was tun? Die Kollegen hätte ich nie um Wasser gebeten, denn das war nicht üblich und ich wollte mich nicht blamieren. Da kam mir das Glück zu Hilfe: Es waren überall Kakteen mit vielen saftigen Früchten daran! Zuerst sammelte ich genug auf Vorrat und fing dann an, diese stacheligen Früchte zu schälen und langsam zu essen. Sie waren sehr schmackhaft und mit viel Flüssigkeit gefüllt.

Diese Nacht und den schon angebrochenen Tag habe ich nie vergessen. Zudem muss ich sagen, dass ich heilfroh war, dass wir die Leute, die durchgebrochen waren, an diesem Tag nicht gefunden haben. Mein Zustand war so schlecht, dass ich nicht voll einsatzfähig war.

Als wir am späten Nachmittag ins Camp zurückkamen, habe ich mich erst mal aufs Bett gelegt und ausgeschlafen.

Beim nächsten Mal wusste ich, man soll den unnötigen Durst nicht mit Rotwein stillen, dann hat man auch kein Problem, die Wasserflasche zu finden.

***

## Zigarettenmangel

Unsere Section musste eine Abteilung für einen Beobachtungsposten auf einem Berg an der tunesischen Grenze zur Verfügung stellen. Die Abteilung beinhaltete eine Gruppe von vier Mann mit MG sowie eine mit fünf Mann und mir als Chef der Gruppe.

Da wir in unserem Foyer keine Zigaretten mehr kaufen konnten, sind wir mit schweren Herzen ohne Glimmstängel mit mehreren Maultieren als Transportmittel aufgebrochen. Wir hatten genügend

Munition; Verpflegung und Wasser nur für kurze Zeit, denn das wurde alle paar Tage mit den Maultieren auf die Bergstation gebracht.

Die Station war ein Steingebäude mit zwei Räumen. Außen herum gab es jede Menge Taranteln, ansonsten war es langweilig - vor allen Dingen, weil es immer noch keine Zigaretten gab. Da viele von uns sehr unter dem Entzug von Nikotin gelitten haben, wurde jeder Zigarettenstummel bis zum Ausglühen geraucht, und mehrere Leute befriedigten an einem gemeinsamen Stummel ihre Sucht.

Da ich auch ein sehr starker Raucher gewesen war - ich habe im Normalfall bis zu 60 Zigaretten am Tag geraucht - ist es mir auch sehr schwergefallen, diese rauchlose Zeit zu überstehen. Meine Ablenkung war, die Umgebung unseres Postens zu erkunden. Ich kletterte mit einem US-Karabiner M 1 und einem Fernglas in den Felsen herum. Es ist alles ruhig geblieben.

Nach einigen Tagen kam der Nachschub per Maultier und auch unsere langersehnten Zigaretten. Daraufhin war alles wieder in Ordnung.

Die Erkenntnis aus diesem Mangel an Nikotin zeigte mir, wie abhängig man ist, wenn man süchtig ist.

Nach ca. drei Wochen wurden wir abgelöst und anschließend konnten wir regelmäßig unserer Sucht nachgehen.

***

## Billiger Bordellbesuch

Als drei meiner Kameraden und auch ich selbst in Geldnot waren, kamen wir auf die Idee zu viert ins BMC zu gehen. Wir fanden eine Frau, die mit unserer Billigidee für eine Stunde 60 Francs zu bezahlen – also für jeden 15 Francs – einverstanden war.

Es war sehr lustig und Einzelheiten möchte ich hier nicht beschreiben. Wir waren gerade fertig, als der stockschwule Unteroffizier vom Dienst begann die Liste der Bordellbesucher zu kontrollieren. Als er unsere Namen las und bei welcher Frau wir zusammen waren, sagte er ganz verächtlich zu uns: Ihr seid doch Schweine!

***

## Wohltätige Aktion

Wir hatten nahe der tunesischen Grenze unser Biwak in einem Korkeichenwald aufgebaut. Wenn es am Monatsende den Sold gab und keine dringenden Einsätze nötig waren, kam das Bordell in unser Zeltlager, um die Leute von ihrem großen Druck zu befreien.

Es wurde ein Zelt mit drei Räumen aufgebaut. Mit Decken trennte man die Bereiche ab, in denen sich jeweils ein Feldbett und darunter ein Eimer mit Wasser befand.

In unserer Gruppe war ein Deutscher, der vermutlich irgendwo als Knecht auf einem Bauernhof angestellt gewesen war. Er war sehr naiv und hatte noch nie etwas mit einer Frau gehabt. Genau das wollten mein Kollege Passoni und ich ändern. Nachdem wir bezahlt hatten, machten wir mit einer sehr verständnisvollen Frau, einer Französin, aus, wie sie den jungen Mann behandeln soll. Als es dann so weit war, dass wir ihn holen wollten, reagierte der Mann doch schlauer, als wir dachten: er war nicht mehr auffindbar.

Doch beim zweiten Mal waren wir schlauer! Wir nahmen ihn in die Mitte und führten den Guten zu seiner ersten Wohltat, die nicht ganz freiwillig war. Im Zelt angekommen, haben wir ihn kurzerhand auf die Frau draufgesetzt, die dann die ganze Arbeit erledigte, und zwar zur vollen Zufriedenheit von uns allen.

Nach einigen Tagen kam dieser Legionär zu Passoni und mir und bedankte sich für das, was wir ihm ermöglicht hatten. Er sagte, er habe nie gedacht, dass es so etwas Schönes gibt. Er hat danach seinen kleinen Sold, den er als Soldat 2. Klasse bekam, fast komplett ins Bordell getragen.

Meine Überzeugung ist, man soll auch anderen Menschen etwas Gutes tun und nicht nur an sich selber denken.

***

## BMC-Besuch mit anschließender Strafe

Nachdem unsere Kompanie einen Wechsel mit einer anderen Kompanie an der tunesischen Grenze vornehmen musste, gingen wir in unser Basis Camp, um alles aufzufrischen - Munition, Verpflegung und Ausrüstung - und auch, um uns von den Strapazen an der Grenze zu erholen.

Aus diesem Grund beantragte mein Kollege, der mittlerweile ein guter Freund geworden ist, es war Caporal Passoni, und ich einen Stadturlaub nach Bône – das war nicht weit entfernt.

Dort angekommen, verteilten sich die Urlauber, um ihren Interessen nachzugehen. Passoni und ich suchten uns eine Bar, um etwas zu trinken. Man musste nicht lange suchen, um so etwas zu finden.

In der Bar angekommen ging es gleich los: ein Bier nach dem anderen. Bis auf einmal die Barfrau, die übrigens sehr hübsch war, mit einer sonderbaren Vorstellung begann. Sie saß auf einem Barhocker hinter der Theke mit weit auseinandergespreizten Beinen ohne Slip, in der Hand eine Salami, die sie unter der Theke hervorgeholt hatte. Sie führte die Salami fachgerecht zwischen ihre Beine und begann mit aufreizenden Bewegungen die Anwesenden so richtig heißzumachen – das steigerte ihren Umsatz an Getränken enorm. Nach der aufreizenden Vorstellung kam dann noch ein Nachschlag: sie schnitt die Salami in kleine Scheiben und verteilte sie an die anwesenden Leute zum freien Verzehr. Sie wurde alles los.

Wir wussten dass diese Bardame auch nach der Sperrstunde ab 22 Uhr für 100 Francs für die restliche Nacht zu haben war. Da mein Kollege und auch ich nicht als Ersatz-Salami bei ihr dienen wollten, gingen wir in das Bordell, um nach der Sperrstunde eine Unterkunft und dort auch das nötige Vergnügen zu haben.

Aufgrund des reichlich genossenen Alkohols und der schweren Arbeit haben wir verschlafen und unsere LKWs verpasst. Nachdem wir das Bordell also verlassen hatten, beschlossen wir, da weiterzumachen, wo wir am Vorabend aufgehört hatten, und das hieß: weitersaufen.

Unsere Entscheidung konnte nicht lange in die Tat umgesetzt werden, denn man hatte uns schon gesucht und auch bald gefunden. Die Militärpolizei nahm uns fest und wir wurden auf ein Fahrzeug geladen. Da ich ein sehr langes Messer bei mir hatte, habe ich das einem Legionär, der bei der MP abgestellt war, gegeben. Ich wusste, dass ich mich auf ihn verlassen konnte und er mir das Messer später wiedergibt.

Wir wurden in ein reguläres Militärgefängnis gebracht und dort in eine Zelle gesperrt. Diese war sehr karg eingerichtet: ein Betonsockel und zwei Decken. Nach einiger Zeit kam ein Caporal-chef von den Regulären und wollte uns befragen, doch das war sein Fehler. Denn obwohl er einen Dienstgrad höher war als wir, hat ihn Passoni so fertiggemacht, dass - als ihm Passoni vorhielt, dass er die *Médaille Militaire* hat - sich der Caporal-chef in Hab-Acht-Stellung begab und abgeschwirrt ist.

Es hat nicht mehr lange gedauert, bis unser Sektionschef kam und uns abholte. Im Camp angekommen, hat er uns zu vier Tagen Bau verdonnert. Den mussten wir, aus Mangel an Räumlichkeiten, im Wohnhaus des Weingutes verbringen, auf dem wir stationiert waren. Wir machten es uns bequem und durchsuchten den Keller, wo noch erlesene Weißweine gelagert waren, die wir uns einverleibten. Das hätte ruhig noch länger dauern können, aber unser Chef hatte anderes mit uns vor.

Er brauchte uns, um die Leute für die bevorstehende Parade in der Stadt zu drillen. Nachdem die Parade zu Ende war, mussten wir wieder an die Grenze, um unseren harten Alltag an einer anderen Stelle zu bestreiten.

***

## Fiasko auf dem Rotweinfeld

Die ganze Kompanie war zu Fuß mit Gepäck, Waffen und allem Nötigen auf Geländeerkundung. Ich schleppte immer zehn Magazine à 30 Schuss und 250 Schuss 9mm für meine MP mit mir herum.

Wir machten Rast an einem Rotweinfeld. Diese Felder waren oft bis zu einem Kilometer lang und genauso breit. Wir suchten Schatten unter den Weinstöcken, die roten Trauben hingen uns fast in den Mund, und so haben wir angefangen zu essen. Als die meisten damit fertig waren, haben wir die Trauben ausgepresst und unsere Wasserflaschen gefüllt.

Es dauerte nicht lange, bis es bei all denen, die zu viele Trauben gegessen oder den Saft getrunken hatten, es mit Bauchschmerzen losging. Und was noch viel schlimmer war: Die ganze Kompanie war wehrlos, weil alle die Hosen unten hatten und sich alle paar Minuten entleeren mussten. Es war wirklich kein schöner Anblick. Das war eine Lehre für die Zukunft für uns.

Bei zukünftigen Durchquerungen von Orangen-, Melonen- oder sonstigen Plantagen begnügten sich die Leute damit, einander mit halbfaulen Früchten zu bewerfen, anstatt wieder einmal gespritzte Früchte oder Beeren zu essen.

***

## Nachtmarsch mit Überraschung

Nach einem Einsatz in einem großen Buschgelände, der nach unserer Durchsuchung erfolglos war, wurde das Gelände von der Kompanie verlassen und anschließend durch Flugzeuge mit Napalmbomben in Brand gesetzt. Wir zogen uns in der folgenden Nacht zurück, in der Hoffnung, bald in unserem Biwak zu sein, weil wir übermüdet waren. Die Nacht war im riesigen Feuerschein des Buschbrandes, der sich kilometerweit ausgebreitet hatte, sehr hell. Während des Rückmarsches bekamen wir über Funk von einer Radarstation die Meldung, dass sich eine Einheit in Kompaniestärke auf uns zubewegte, es handle sich um ALN-Angehörige.

Wir waren alle überrascht und verärgert über die neue Situation, aber wir mussten sofort in Kampfstellung gehen und uns auf die Schnelle tarnen.

Nach einer Stunde angestrengten Wartens in der Ungewissheit, was auf uns zukommen würde, kam von der Radarstation, dass sie bemerkt hätten, wie die angebliche Kompanie der ALN in Stellung gegangen war.

Das Ganze war etwas dubios und es wurde letztendlich festgestellt, dass wir selber auf dem Radarschirm waren. Nach dieser blamablen Vorstellung der Radarstation beschimpfte unser Kompaniechef die Verantwortlichen der Radarstation fürchterlich.

***

## Angst

Angst gehört zum Leben von Mensch und Tier. Sie ist der beste natürliche und instinktive Selbstschutz, den es gibt, und das ist von der Natur gegeben. Die größten Heldentaten wurden aus der Angst heraus geboren.

Nehmen wir ein friedliches Reh im Wald, wenn es in die Enge getrieben wird: Aus Angst weiß es keinen Ausweg mehr, und was passiert? Es stellt sich auf die Hinterbeine und schlägt von oben nach unten mit den scharfen Klauen seiner Vorderbeine auf seinen Angreifer ein. Dadurch hat es schon manchen Angreifer schwer verletzt und sich gerettet, und das alles aus Angst.

Mir wurde oft die Frage gestellt, wie das mit der Angst im Einsatz ist, wenn man draußen im Gelände ist und überraschend angegriffen wird. Dann bleibt für niemand Zeit zum Nachdenken - bei mir kam ein Adrenalinstoß und ich machte das, was man als Soldat gelernt hat. In so einem Fall kommt die Angst erst, wenn alles vorbei ist.

Anders ist es, wenn ich mit dem Wissen zu einem Einsatz ging, dass etwas passieren wird. In diesen Momenten war ich vor lauter Ungewissheit extrem angespannt, was auf mich zukommen wird. Sind die ersten Schüsse gefallen, war die Anspannung vorbei und ich versuchte die Situation zu erfassen. Man macht seine Arbeit, wendet Gelerntes an und hat dadurch keine Zeit zum Nachdenken.

Manchmal muss man die eigene Angst auch unterdrücken, um seinen Leuten ein gutes Vorbild zu sein und um sie zu beruhigen. Meine größte Angst war immer, etwas falsch zu machen und dadurch meine Gruppe und andere zu gefährden.

Oft habe ich instinktiv gehandelt und damit auch Erfolg gehabt.

Als wir an der tunesischen Grenze auf einem Berg mit Granatwerfern beschossen wurden, mussten wir sehr schnell abrücken, weil die Artillerie anschließend den gesamten Bergrücken, auf dem wir waren, unter Beschuss nahm, so dass die ALN nicht nachrücken konnte. Meine Gruppe bestand aus sechs Mann und ich hatte einen Problemfall dabei, einen Mann, der so fürchterliche Angst hatte, dass er unkontrolliert und ohne Erlaubnis davonlief und 20 Minuten schneller im Tal ankam als alle anderen. Nachdem ich mit dem Rest der Gruppe bei ihm angekommen war, habe ich ihn zur Rechenschaft gezogen und auf mein Verlangen wurde er vom Kompaniechef versetzt. Unsere Gruppe und ich waren sehr froh über diese Versetzung, denn dieser Mann hatte unsere Sicherheit gefährdet. Er selbst war mir sehr dankbar für seine Versetzung in die Basis, er musste nicht mehr mit in den Einsatz gehen.

***

## Abendappell

Für den theoretischen Unterricht waren alle mit den Ausbildern oft im Park. Man saß auf dem Boden und büffelte in französischer Sprache. Einmal sah ich ein Chamäleon an einem Gewehr hochkrabbeln, dass wir mit zwei anderen zusammen zu einer Pyramide aufgestellt hatten. Ich habe ein Chamäleon gefangen und mit auf mein Zimmer genommen.

Von den Caporal-Schülern war jeden Tag ein anderer eingeteilt, um den Abendappell durchzuführen. Hierfür musste ein Zettel mit Datum, Namen und Anzahl der Anwesenden dem verantwortlichen Unteroffizier übergeben werden. Als ich an der Reihe war, den Appell einzuleiten, nahm ich das Chamäleon, ließ es an seinem Schwanz über meinen Finger hängen und gab ihm den Zettel in den Vorderfuß. Auf diese Weise überreichte es dem Unteroffizier den Zettel. Ausnahmsweise hatte dieser Sinn für Humor und lachte über den lustigen Einfall.

***

## Ein Rausch vom Feinsten

Einmal habe auch ich es übertrieben. An einem Wochenende, mitten in der Nacht, war ich so besoffen, dass ich von meinem Bett aufstand und zum Pinkeln gehen wollte. Die Toiletten lagen im Gebäude direkt gegenüber und ich kam auch dort an, aber zurück zu meinem Quartier kam ich nicht mehr. Ich lief immer wieder um das Gebäude, in dem sich der Waschraum und die Toiletten befanden – immer mit dem Rücken an die Wand gelehnt. Irgendwann gab ich es auf und legte mich auf den Boden. Kriechend erreichte ich dann doch noch mein Bett.

***

## Außenposten

Wir wurden auf einen Außenposten versetzt. Der Posten war auf einem Felshügel und von einer Mauer umgeben. In der Mitte ragte ein Turm mit etwa 15 m in die Höhe. Die Gebäude waren sehr primitiv; trotzdem gab es Strom, Wasser und eine Bäckerei. Die Post wiederum kam mit einem Flugzeug, das auch Bierkisten an einem Fallschirm abwarf. Doch es vergingen Stunden, bis man das Bier trinken konnte, denn beim Aufprall wurde es so stark erschüttert, dass es sich in den Dosen zu Schaum verwandelte und beim Öffnen explodiert wäre.

Um die Legionäre zu beschäftigen, fuhr man in die Umgebung und suchte nach alten Römergräbern. Diese wurden geöffnet und es kamen sehr schöne Funde zutage – alte Tonlampen, Münzen oder auch einfacher Schmuck. Ein Friedhof wurde dabei auch entdeckt und man legte die Gräber, die sich dicht an dicht reihten, frei. Die Skelette waren von Kalk umgeben und bei Berührung zerfielen sie zu Staub. Nur ein einziges Grab, das zentral lag, hatte einen Totenkopf, der ganz hell war und nicht zerfiel. Ihn nahm ein Unteroffizier mit und er wurde wie alle gefundenen Gegenstände zum Posten gebracht und in Regalen aufgestellt. Große Säulen, mit einer Höhe von bis zu 3 m, wurden von Hubschraubern abgeholt und ebenfalls zum Posten gebracht. Als der Außenposten verlassen wurde, haben einige Offiziere alle Sachen mit einem Hubschrauber abtransportiert und gewinnbringend verkauft.

Wenn ich als Vertreter vom Chef des Postens auf Nachtwache war, drehte ich meine Runden immer mit dem Colt meines Sektions-Chefs. In sehr kalten Nächten gab es einen Ofen, den man gut einheizte. Darauf stellte man einen Topf, der mit mehreren Litern Rotwein gefüllt wurde. Hinzu kamen Orangenschnitze, Zucker und eine Zimtstange, bevor alles erhitzt wurde. Man trank es sehr heiß, aber nicht zu viel; sonst hätte es Probleme gegeben, denn man war schließlich im Dienst. Einmal wurde der Postflieger erwartet – wie immer kam er planmäßig und warf seinen Postsack ab. Doch der Sack blieb am hinteren Rad des Fliegers hängen. Der Pilot versuchte mit den unmöglichsten Manövern, ihn abzuwerfen. Doch es misslang. Die Legionäre, die schon lange Post erwarteten, waren enttäuscht, als sie den Flieger zur Basis zurückfliegen sahen. Jedoch kam er nach zwei Stunden wieder zurück und warf den Postsack doch noch ab. Dieses Mal mit großem Erfolg, denn der Sack landete direkt neben dem Posten und wurde sofort von einigen Legionären geholt.

***

## Deserteure besonderer Art

Ein Franzose legte sich immer in der größten Hitze zwischen die Zelte, damit ihn keiner sehen konnte. Sein großes Ziel war ein Sonnenstich. Ein Sergent hatte ihm angedroht, wenn er das noch einmal machen würde, müsse er mit einer saftigen Strafe rechnen. Diese Androhung hatte nichts geholfen und er machte weiter. Nebenher soff er ganze Parfümflaschen leer. Und seine dritte Möglichkeit: Gelbsucht zu bekommen. Er stellte Fischkonserven in die pralle Sonne und aß sie auf. Doch das hatten schon andere vor ihm probiert und es half nichts.

Der Franzose wurde als gefährdet eingestuft und die Vorgesetzten wollten ihn in eine psychiatrische Klinik einweisen. Diesem Vorhaben ist der Legionär zuvorgekommen: Er ist, ohne etwas mitzunehmen, weggelaufen und wurde erst sehr weit entfernt von einer Polizeipatrouille festgenommen. Anhand seiner Erkennungsmarke, die er noch um den Hals trug, konnten die Gendarmen feststellen, wo er herkam. Sie haben ihn in Absprache mit dem Chef der Kompanie in die Psychiatrie eingeliefert. Wir haben nie wieder etwas von ihm gehört.

Ob sich diese Art von Desertion für ihn gelohnt hat, weiß niemand, aber viele berichteten, dass man, wenn man Gelbsucht bekam, sofort entlassen wurde. Was danach geschieht, kann man nicht wissen.

***

## Probleme mit einem Legionär

In meiner Sektion war auch ein Ungar namens Tavazi. Dieser verbrachte bereits sechs Monate in der Kompanie-Disziplin in Colomb-Bechar, weil er einen Vorgesetzten tätlich angegriffen hatte. Das große Problem für diesen Legionär war der Alkohol. 1956 gab es in Ungarn einen Aufstand, an dem er beteiligt war, und immer wenn er an diese Ereignisse denken musste, versuchte er sie zu verdrängen. So betäubte er sich mit Alkohol und nach übermäßigem Genuss wurde er regelmäßig aggressiv. Vielleicht sah er auch in seinem Vorgesetzten, einem Russen, einen „Schuldigen", an dem er sich rächen wollte. Auf alle Fälle hatte sich dieser Legionär wieder einmal etwas zuschulden kommen lassen, was aber nichts Großartiges war. Ein Kollege von mir, ein altgedienter Sergent mit Namen Geissbühler, wusste nicht, wer der Übeltäter war, und meldete es dem Sektions-Chef, einem Unterleutnant. Dieser ließ die gesamte Sektion antreten und befragte alle nach dem Vorfall, doch er bekam keine Antwort. Daraufhin gab er mir den Befehl, die gesamte Sektion erneut in voller Ausrüstung für einen 15-km-Marsch in der Wüste antreten zu lassen. Doch dieser Marsch war nicht ungefährlich, und so nahm ich den Jeep des Kapitäns und baute ein Maschinengewehr auf, um im Notfall die Legionäre beschützen zu können. Nach den 15 km mussten alle noch einmal antreten und es erfolgte dieselbe Befragung – abermals bekam er keine Antwort. Daraufhin erfolgten ein 10-km-Marsch sowie eine erneute Befragung; und wieder schwieg die gesamte Sektion. Der Unteroffizier ließ alle wegtreten und meinte zu mir, dass er sehr zufrieden mit seinen Leuten sei, denn mit ihnen könne man alles überstehen, weil sie zueinander hielten.

Für mich war das Ganze auch ein Pluspunkt, denn nun wusste jeder, dass er sich auf seinen Vorgesetzten verlassen konnte. Solange ich in der Sektion war, gab es keinen Vorfall mehr mit Tavazi.

Geissbühler wurde später in Aubagne beerdigt. Seine Enkeltochter Valerie kam 1976 bei einer Geiselnahme in einem Schulbus ums Leben – ein Schuss traf sie direkt neben der Wirbelsäule. Sie wurde neben ihrem Großvater beerdigt.

***

## Verbotene Grenzüberschreitung

Das vierte Regiment entsandte eine Sektion der zweiten Kompanie, die Ölbohrer nahe der libyschen Grenze zu beschützen. Der Ausgangspunkt war Hassi-Messaoud, das Zentrum der Ölförderung, und von dort ging es weiter nach Amenas und Daina. In dieser Gegend waren gleich mehrere Ölfelder. Die Sektion fuhr bis Zerzaitine, das direkt an der libyschen Grenze lag. Dort hatte man zur Unterkunft eine kleine Kaserne. Tägliche Kontrollfahrten entlang der Grenze, aber wie es der Teufel haben will, fuhr man etwas sorglos in der Gegend herum – die Sektion befand sich bereits 40 km auf libyschem Gebiet. Der Chef der Sektion, ein Adjutant, gab, als er seinen Fehler bemerkte, den Befehl zu eiligem Rückzug. Auf der gesamten Fahrt hatte man niemanden getroffen und auch keine Spuren im Sand gesehen, aber man wollte auf gar keinen Fall einen Zusammenstoß mit dem libyschen Militär. Das hätte einen Konflikt zwischen Frankreich und Libyen erzeugt.

Anmerkung: Es kann sein, das zur damaligen Zeit die Namen der Ortschaften andersgelautet haben.

***

## Sandbleche

Nach dem Waffenstillstand 1962 waren wir sozusagen arbeitslos, da es keine Kampfeinsätze mehr gegeben hat. Was tun, um die Leute zu beschäftigen? Denn Müßiggang ist aller Laster Anfang!

Es kam der Befehl an unsere Section, alles für einen mehrtägigen Arbeitseinsatz vorzubereiten. Unsere Fahrzeuge, ein 4x4 Kommandowagen vom Sektionschef und vier 6x6 Dreiachser Dodges, wurden mit allem Nötigen beladen und ab ging es mit zusätzlichen LKWs der regulären Armee.

Nach Ankunft auf einem Feldflugplatz wurde uns gesagt, wir sollten die ganzen Sandbleche abbauen und auf die mitgebrachten LKWs verladen.

Die Sandbleche gab es in verschiedenen Größen, aber die meisten hatten eine Länge von 2,5 Metern und eine Breite von etwa 50 cm; die ganz genauen Maße weiß ich nicht mehr. Die Bleche waren aus Stahl, sehr schwer und mit seitlichen Schlitzen auf einer Seite sowie mit Laschen auf der anderen Längsseite versehen, mit denen die Bleche zusammengesteckt waren, um einen festen Verbund zu erreichen. Außerdem hatten die Bleche auf der ganzen Fläche runde Löcher.

Meine Equipe sollte die Bleche auseinandernehmen, aber wie? Zwei Mann versuchten die Bleche auf ungefähr 45 Grad aufzustellen, das Blech entriegeln, etwas weiter anheben und beiseitelegen. Daraufhin kamen zwei Mann, nahmen das Blech und trugen es zum LKW. Auf dem LKW waren wiederum zwei Mann, die die Bleche fein säuberlich stapelten.

Da ich als Caporal nicht verpflichtet war zu arbeiten, sondern nur für die Aufsicht und den Ablauf zuständig war, hatte ich Zeit, alles zu beobachten.

Wir wussten, es sind 80.000 Bleche ... So kam ich rasch zur Überlegung, dass unsere Arbeitsmethode viel zu langsam war.

An den Fahrzeugen waren immer eine Schaufel und ein Pickel befestigt, den Pickel holte ich mir und probierte erst einmal, ob meine Idee sich umsetzen ließ.

Die Spitze des Pickels steckte ich in ein Loch, von denen ja viele vorhanden waren, zog das Blech in die Höhe, und dann ein kleiner Ruck von ca. 5 cm zu mir, um die Verriegelung zu lösen. Anschließend ein kräftiger Ruck nach oben, und das schwere Blech lag seitlich auf dem Boden, zum Abtransport bereit. Meine Idee hatte Erfolg! (In meinem späteren Arbeitsleben habe ich in einer Firma mit guten Verbesserungsvorschlägen und einem Patent etwas nebenbei verdient.)

Durch meine Methode konnte ich die Bleche so schnell herauslösen, dass wir nun dreimal so viele Leute benötigten zum Wegtragen und Verladen auf die LKWs.

Das harte und schnelle Arbeiten war ich von meinen drei Jahren im Bergwerk gewohnt, aber irgendwann wurde auch ich müde und zeigte einigen Leuten, wie man mit Kraft, Ausdauer und auch mit Gefühl diese Arbeit machen kann. Es war aber keiner in der Lage, wie ich. So ruhte ich mich etwas aus und die Leute machten im normalen Trott weiter, bis ich wieder frisch und munter war - nun, die Legionäre waren auch immer der Meinung, dass ein Vorgesetzter, wenn auch nur ein kleiner Caporal, alles besser können muss, als ein einfacher Legionär. Genau das habe ich sehr oft bewiesen.

Am Ende dieser Arbeiten waren unsere oberen Vorgesetzten sehr zufrieden und wir bekamen eine saftige Belobigung. Kurze Zeit später mussten wir auf einem 2. Feldflugplatz 120.000 Blechen abbauen. Die Begründung war: Ihr seid schon eingearbeitet. Daraufhin habe ich mich nicht mehr so verausgabt.

Über die regulären Transporteinheiten erfuhren wir von dem verantwortlichen Offizier, dass die Bleche nach Algier gebracht und dort irgendwo im Meer versenkt werden. Solche für uns unverständliche Sachen passierten auch mit Ausrüstungsgegenständen und Uniformen, die, noch ganz neu, draußen verbrannt wurden. Wenn eine Kaserne verlassen wurde, um sie an die Algerier zu übergeben, durften wir nichts mitnehmen ... trotzdem wurden diese Befehle missachtet.

***

## 14. Juli 1964, Nationalfeiertag Frankreichs

Wie so oft, hat es mich erwischt, als jüngster Sergent die Ehrenwache in der Stadt zur großen Parade zu kommandieren. Vorbereitung und Drill der Legionäre, Aufstellung am 14. Juli auf einer breiten Avenue (Straße) in Straßburg.

Dann das große Debakel: Zu Beginn der Parade fuhren in Viererreihen eine Unmenge von Panzern mit fürchterlichem Motorenlärm. Als sie bei unserer Ehrenwache ankamen, habe ich das Kommando für das Präsentieren mit dem Gewehr gegeben. Aber keiner der Legionäre hat bei dem Krach etwas gehört. Daraufhin habe ich mich dazu hinreißen lassen, eine Handbewegung zu machen. Gott sei Dank haben es einige gesehen und die anderen haben die Präsentation nachgemacht.

Diese Blamage konnte ich mir am Abend im Fernsehen anschauen.

***

## Weihnachtsfeste

Wir feierten jedes Jahr sehr schöne Weihnachtsfeste. Ein Brauch in der Legion war – und ist heute noch – der Wettbewerb im Krippenbau.

Mit großem Einsatz planten, bauten und stellten die einzelnen Gruppen ihre Krippen aus. Die drei schönsten Werke wurden prämiert.

Wir bekamen reichlich Weihnachtsgeschenke und von den verschiedenen Nationen, die in der Legion vertreten waren, wurden Weihnachtslieder in der jeweiligen Sprache gesungen.

***

## Weber und sein Sohn

In Straßburg hat mich ein Sergent, sein Name war Weber, ein Rumänien-Deutscher, in den Ablauf in der Kaserne eingeführt.

Danach wurden wir gute Kumpels. Wenn er am Wochenende Dienst hatte, habe ich diesen für ihn übernommen, denn er war verheiratet und hatte Kinder.

Für diesen Freundschaftsdienst hat er mich dann an einem anderen Wochenende zu sich und seiner Familie eingeladen. Er hatte auch einen kleinen Jungen im Alter von etwa fünf Monaten, den ich damals auf meinen Armen tragen durfte.

Diesen Jungen traf ich im Jahre 2011 bei einem Weinkauf in einer kleinen Kaserne in Straßburg wieder. Er war inzwischen 25 Jahre bei der Legion als Caporal-chef und er zeigte mir ein Foto von seinem Vater, das er im Képi hatte, und erklärte mir, dass sein Vater ein Jahr zuvor gestorben sei.

***

## Rekrutierungen

Wir hatten im Rekrutierungsbüro sehr viele und sehr unterschiedliche Zugänge und Bewerber für die Legion. Die große schwierige Aufgabe war, die Spreu vom Weizen zu trennen. Die Fragen waren: Welche Kontakte sie zu Ostblockstaaten, insbesondere zur DDR, hatten. Ob sie straffällig geworden waren oder nach ihnen gesucht wird und welche Gesinnung sie hatten. Es wurde auch der körperliche Zustand in Augenschein genommen. Der Großteil wurde nach ausgiebigen Verhören wieder weggeschickt.

Wir hatten gute Kontakte, vor allen Dingen zur Gendarmerie in Straßburg und durch diese zur deutschen Kripo in Kehl. Für diejenigen, die im deutschen oder internationalen Fahndungsbuch standen, war ihr Weg bei uns zu Ende.

Eines Tages kam ein Ausnahmefall. Es war ein Mann, ca. 30 Jahre alt, und er sagte, er sei bei der israelischen Armee gewesen. Da wir nach unserem Wissen noch nie einen Israeli als Rekruten hatten, wurde dieser Mann besonders unter die Lupe genommen. Nach intensiven Befragungen stellte sich heraus, dass er Unteroffizier bei der israelischen Armee in einer Spezialeinheit war. Nach einer Weile gab er zu, dass er desertiert war. Ab diesem Zeitpunkt waren wir verpflichtet, ihn an den Hauptmann vom 2. Büro weiterzureichen.

Als der Hauptmann nach dem Grund für seine Desertion fragte, wollte der Mann keine Angaben machen. Nachdem man ihm andeutete, ihn nach Israel auszuliefern, was nie gemacht worden wäre, aber als Druckmittel benutzt wurde, fing er an zu reden. Er machte sehr genaue und detaillierte Angaben über seine Spezialeinheit, die sehr klein war, was durchaus verständlich war – je weniger Beteiligte, umso weniger Mitwisser.

Er gab an, dass seine Einheit Ende der fünfziger und Anfang der sechziger Jahre mehrere Anschläge und Überfälle auf die eigenen Leute und ihre Einrichtungen im Auftrag des Mossad verüben musste. Diese Sachen wurden dann den Palästinensern in die Schuhe geschoben, sie hinterließen auch Beweismaterial, um alles glaubwürdiger zu machen.

Auf die nochmalige Frage, warum er desertiert war, gab er eine glaubhafte Antwort: er konnte das ganze Desaster nicht mehr mit seinem Gewissen vereinbaren.

Der Mann wurde anschließend nach Paris überstellt für weitere Befragungen.

***

## Spielbank

In Straßburg war es manchmal an den Wochenenden sehr langweilig. Einmal kam ein altgedienter Sergent - er war ein Sachse und hatte auch den Namen Sachse - zu mir und fragte, ob ich nicht Lust hätte, ins Spielkasino in der Nähe von Straßburg zu fahren. Da ich aber keinerlei Ahnung vom Roulette hatte, haben wir erst einmal Unterricht an einem kleinen Roulette in der Kaserne abgehalten.

Dann ging es los. Mein Kollege hatte ein eigenes Auto, in dem wir vor der Ankunft im Casino die Uniformen gegen Zivilkleidung wechselten. Nur unsere grüne Dienstkrawatte haben wir nicht abgelegt.

Wir präsentierten uns mit unseren Militärausweisen, etwas anderes hatten wir nicht, und wurden eingelassen. Wir fingen an mit unserem

„todsicheren System" zu spielen, aber wie es kommen muss, haben wir beide fast einen halben Monatssold verloren. Gegen zwei Uhr früh fuhren wir wieder zurück in die Kaserne.

Am Morgen bei Dienstantritt um 7 Uhr waren wir ziemlich müde, die Gier zu gewinnen führte uns noch einige Male in das Casino, aber immer mit dem gleichen Erfolg, wir zahlten drauf.

Aber wie heißt ein altes Sprichwort? Durch Schaden wird man klug.

***

## Essen mit Blamage

Unser Kommandant war in Straßburg zu einem Festessen in einer großen Gaststätte eingeladen. Es waren etwa 40 Personen anwesend, zumeist Offiziere aus unserer Kaserne und höhere Beamte aus der Stadtverwaltung. Da es meine Aufgabe war, den Schutz des Kommandanten zu übernehmen, saß ich auch mit an der Tafel beim Essen. Es gab das bekannte und sehr wohlschmeckende *Choucroute* (Sauerkraut). Mein Gegenüber am Tisch erzählte einen Witz, der so lustig war, dass anschließend etwas für mich sehr Peinliches passierte: Mein Mund war voll mit Sauerkraut, das sehr langfaserig geschnitten war – und jeder weiß, dass, wenn man den Mund voll hat und herzhaft lachen muss, es zu einer Explosion der angehaltenen Luft kommt. Nach dieser Explosion hatte mein Gegenüber, ein Zivilist, sehr viel Sauerkraut auf seinem Hemd und auf der Krawatte.

Meine Entschuldigung kam sofort und der hochrote Kopf meinerseits war auch vorhanden. Der Mann nahm das Ganze nicht so tragisch und mit viel Humor entfernte er mit den Fingern die größten Teile von Krawatte und Hemd, den Rest mit einer Serviette. Anschließend ging das große Essen weiter und man darf wohl annehmen, dass dieser Mann nie wieder Witze beim Essen erzählen wird.

***

## Musik

Da ich ein kleines Transistor-Radio hatte, das ich oft mitnahm, wenn wir irgendwo unterwegs waren, konnte ich, wenn Gelegenheit war, Musik hören.

Zur damaligen Zeit hatte der Bayerische Rundfunk eine äußerst weitreichende Mittelwelle zur Verfügung und ich wusste, dass jeden Mittwochabend das Wunschkonzert mit dem damaligen Sprecher und Sänger Fred Rauch gesendet wurde – dieses Wunschkonzert durften wir schon als Kinder vor einem alten Volksempfängerradio anhören.

Wenn wir in einer günstigen Lage waren, zum Beispiel auf den Bergen, dann habe ich einen 1 Meter langen Kupferdraht, der immer in meinem Rucksack dabei war, in die Antennenbuchse des winzigen Transistor-Radios gesteckt. Daraufhin war der Empfang besser und man konnte das Wunschkonzert hören, natürlich nicht in bester Tonqualität, trotzdem war es eine kleine Verbindung nach Bayern.

*

Eine Abordnung der Musik[8] vom 4. Regiment war bei uns 1963 in

8 Musique de la Légion étrangère (MLE) / Musikcorps der Fremdenlegion

Laghouat zu Besuch. Unter ihnen war auch ein Legionär, der früher in meiner Equipe an der tunesischen Grenze war – es war der rothaarige Simon. Wir unterhielten uns natürlich über die alten Zeiten an der Grenze.

Dieser Simon war ein netter Kerl, aber etwas schrullig. Er hatte ein defektes Knie, aber trotzdem wollte er mir im Einsatz immer beweisen, wie gut er damit umgehen kann. Er hat unter anderem auch ohne Erlaubnis ein Zehnschuss-Magazin des halbautomatischen Gewehrs MAS 56 mit noch zwei anderen Magazinen zusammengeschweißt, um eine 30-Schuss-Kapazität zu erreichen – dieses Unikum hatte aber stets Ladehemmung, denn die Transportfedern waren zu schwach.

Ich konnte jedoch sehen, dass er große körperliche Schwierigkeiten hatte, deswegen auch seine Versetzung zur Musik.

Die Musik spielte nun also bei uns in der Unteroffiziersmesse in Laghouat. Hier war genug Platz vorhanden und ein Musikstück nach dem anderen wurde präsentiert. Dann drückte der Chef de Musique, der Dirigent, dem nächstbesten Unteroffizier den Taktstock in die Hand. Das blieb natürlich nicht ohne Folgen – dieser unfreiwillige Dirigent musste zwei Kartons mit Bier spenden. Der Taktstock wurde immer weitergereicht, bis alle anwesenden Unteroffiziere einmal dirigiert hatten – mich eingeschlossen –, und jeder hat zwei Kartons mit Bier gespendet.

Am Schluss der Vorstellung hatte die Musikkappelle einen Riesenstapel Kronenburg Bier eingesammelt und in unserem Foyer war kein Bier mehr vorhanden.

*

Wenn ich von Musik rede, dann kommt mir auch in Erinnerung: Es war 1964 in Straßburg.

Ein Sergent, der auf Urlaub bei uns in der Kaserne einquartiert war, fragte mich, ob ich ihn begleiten würde, um ihm einiges in der Stadt zu zeigen. Da ich mich auskannte, sagte ich zu und wir fuhren mit dem Bus in die Stadt. Ich zeigte ihm die wunderschöne Altstadt mit der Kathedrale und den vielen Fachwerkhäusern. Man sagt nicht umsonst, Straßburg sei einer der schönsten Städte der Welt.

Am Abend kamen wir zufällig zu einer Veranstaltung in einem großen Bierzelt, wo eine etwa 25 Mann starke Volksmusikkapelle aus der Gegend von München spielte.

Die Veranstaltung wurde vom Bayerischen Rundfunk aus Anlass der deutsch-französischen Freundschaft initiiert. Das Bier wurde in 1-Liter-Krügen ausgeschenkt und nach einer oder zwei Maß, wie man in Bayern sagt, bestellte sich mein Kollege bei dem Musikkapellmeister seinen heiß geliebten Badenweiler Marsch – das hat ihn 25 Maß Bier gekostet.

Es war ein sehr lustiger Abend und wir hatten noch die Gelegenheit, uns mit den beiden Moderatorinnen zu unterhalten. Sie waren überrascht, zwei Deutsche in französischer Uniform zu sehen und wir erklärten uns. Einer der Damen habe ich mein Regimentsabzeichen zum Andenken an einen schönen Abend mit einem Unteroffizier der Fremdenlegion geschenkt. Soweit ich mich noch erinnern kann, waren es Anneliese Fleyenschmidt und Ruth Kappelsberger.

***

## Es war in Aubagne

Kurz vor dem Ende meiner Entlassung, wir hatten nicht viel zu tun, machte ich mit meinem Freund Gerd - auch ein Sergent, den ich schon von Straßburg her kannte, als wir engagierten - einen Kneipenbummel. Wir landeten schließlich im Bordell und blieben die halbe Nacht. In dieser Nacht ereignete sich ein tragischer Unfall, bei dem ein Sergent mit seinem Privat-Pkw einen Sergent-chef und einen Sergent auf dem Heimweg zur Kaserne totgefahren hatte.

Als mein Freund und ich am nächsten Tag wieder im BMC waren und ein Bier trinken wollten, sahen uns die beiden Frauen des letzten Besuchs an, als wären wir Gespenster. Sie glaubten, wir wären die beiden Toten der vergangenen Nacht gewesen.

Drei Tage später mussten ich und ein Sergent-chef in der Nacht zusammen in der Leichenhalle die Ehrenwache halten. Aus den Särgen floss Flüssigkeit aus und es stank sehr unangenehm. Wir verließen verbotenerweise die Leichenhalle, um eine Zigarette zu rauchen. Ich erinnere mich auch, dass es in diesem Oktober sehr kalt war und wir unsere Sommeruniform trugen.

***

## Le Colonel Vadot

Er war in Indochina als Capitaine, wurde dort zum Chef de Bataillon befördert, und in Algerien machte er sich einen Namen.

Das erste Mal sah ich ihn im 4. Regiment an der tunesischen Grenze. Er war der Regimentskommandeur und hat mir meine erste Auszeichnung angeheftet, bei einem großen Defilee des ganzen Regiments – das war das einzige Mal, dass ich das komplette Regiment gesehen habe, denn wir waren immer nur kompanieweise an der Grenze verteilt.

Das nächste Mal habe ich ihn in Aubagne als Chef des 1. Regiments gesehen, als ich einige Tage vor meiner Entlassung noch eine 24-Stunden-Wache als Chef de poste *abgestaubt* hatte. Als ich die Wache präsentiert hatte, ging er die ganze Reihe ab und stellte bei einem Legionär einen Fehler an der Paradeuniform fest.

Er kam dann nach seiner Visite auf mich zu und bemerkte, dass ich auch das Regimentsabzeichen des 4. Regiments angesteckt hatte. Daraufhin verwickelte er mich in ein Gespräch über das 4. Regiment und fragte mich auch, was ich in Aubagne mache. Ich sagte ihm, dass ich nachhause ginge.

Die nächste Frage war, ob ich nicht mehr weitermachen will als so junger Unteroffizier. Meine Antwort war: Wenn sie mich brauchen für Einsätze, dann habe ich in meinem *Livret Individuel*[9], einen Freifahrtschein zur Verfügung, aber momentan sei es mir zu langweilig. Er ging, als wir unser Gespräch beendet hatten, ohne ein weiteres Wort zu verlieren.

Viele Jahre später war unser Verein 1988 zum 125-jährigen Camerone-Fest in Aubagne, und ich habe ihn dort wieder gesehen. Er war General mit mehreren Sternen und wurde auf dem Paradeplatz von einem Legionär zur Verleihung der höchsten Auszeichnung Frankreichs, dem Verdienstorden *Légion d'honneur* (Ehrenlegion), geführt, denn er war inzwischen erblindet.

9 Wehrpass der französischen Streitkräfte.

Einige Jahre später habe ich in der Zeitung Képi Blanc gelesen, dass er verstorben ist.

Im Nachhinein muss man sagen: Ein Mann wie er war, ein knallharter Offizier, aber zu seinen Legionären sehr korrekt.

***

## Trio Infernale

Meine besten Kollegen, die ich hatte: Sergent Gerd Müller aus dem Schwarzwald und Sergent Dieter Birkenstock aus dem Ruhrgebiet. Mit den beiden habe ich die Ausbildung und die Caporal-Schule in Aïn El Hadjar absolviert. Mit Dieter war ich auf der Unteroffizier-Schule in Korsika; Gerd kam etwas verspätet dorthin.

*Eleve Caporal Birkenstock im Freizeitanzug (li.) und ich im Parade-Wachanzug*

Wir drei waren in der Ausbildung schon die Besten: auf der Affenbahn, beim Sport und beim Schießen. Das wiederholte sich auch auf der Caporal-Schule, und so erhielten wir rasch den Spitznamen Trio Infernale. Unzählige Erlebnisse und auch Streiche begleiteten unseren Weg, und wir nahmen uns natürlich auch gegenseitig auf die Schippe. Es war eine schöne Zeit.

*Sergent Birkenstock (wieder li.) und ich als Sergent.*

*Sergent Müller (re.) und ich als Sergent.*

*Ein Fotoautomat am Bahnhof in Marseille – Oktober 1964 zum Ende unserer Dienstzeit. Die Aufnahmen entstanden kurz vor unserer Abfahrt nach Straßburg und, wie man sieht, waren wir bester Laune, auch wenn keiner von uns wusste, was uns in Deutschland erwarten wird und unser Abschied näher rückte.*

Gerd Müller, Dieter Birkenstock und Alexander Stelzl: Kameradschaft, Freundschaft und ein großer Zusammenhalt!

Leider habe ich nach unserer Entlassung von Dieter nie mehr etwas gehört. Gerd habe ich nachher noch einmal geschrieben, dann war auch hier alles zu Ende.

***

# Schöne und schlechte Erinnerungen

Es war eine sehr harte Zeit für mich, es gab aber auch viele positive Erfahrungen und diese Zeit war sehr lehrreich für mein späteres Leben. Es gab ebenso sehr schöne und zwischendurch amüsante Momente.

Und man konnte meine Veränderungen deutlich sehen: Sehr selbstbewusst und viel reifer durch meine fünf Jahre Dienst in der Legion.

*Ende der Dienstzeit.*
*So sah ich nach fünf Jahren Dienstzeit mit vielen Stationen, Beförderungen und noch mehr Erlebnissen, die man gar nicht alle aufschreiben kann, aus.*

*Januar 1960, links stehend als Blauer Sack.*

Im Frühjahr 1964 vor der Unteroffiziersmesse in Straßburg in der Kaserne Guynemer.

*Ein letztes Mal im Kampfanzug ...*

*... und in der Winterausgehuniform mit meiner Freundin.*

Meine Uniformen habe ich alle mit nachhause genommen, denn sie wurden uns vom Kleidergeld abgezogen, und somit war es unser Eigentum.

Heute noch lebe ich nach dem Motto, das auf jeder französischen Fahne gestickt ist:

Honneur et Fidélité, Valeur et Discipline.

Ehre und Treue, Werte und Disziplin.

*******

# Das zivile Leben

1964–2014

## 50 Jahre danach – ich bereue immer noch nichts

Nachdem ich zuhause ankam, habe ich sofort einen Reisepass beantragt.

Es waren auch schon Briefe von Manuela eingetroffen, denn meine Adresse hatte ich ihr schon vorher gegeben. Alle ihre Briefe waren mit großer Sehnsucht nach mir verfasst.

Meinen Reisepass bekam ich nach etwa zwei Wochen, und ich bin sofort nach Straßburg zurückgefahren.

Als ich ganz überraschend in das Restaurant kam, war sie völlig sprachlos und ging dann auf mich zu, um mich zu begrüßen. Es war so heftig, als ob wir uns seit vielen Jahren nicht mehr gesehen hätten. Ein Gast, der unsere Begrüßung beobachtet hat, sagte, das müsse wahre Liebe sein.

Im Hotel Excelsior, direkt am Bahnhof, hatte ich im 5. Stock ein Zimmer mit Ausblick auf den Bahnhof. Dort sah ich dann zwei

Tage später meinen *Liebling* de Gaulle, als er in Straßburg auf dem Kleber-Platz mitten in der Stadt ankam. Vom Balkon eines Hauses hielt er eine saftige Ansprache, abgesichert von etwa 2.000 Polizisten. De Gaulle war sowohl bei den Legionären als auch bei den Algerien-Franzosen sehr unbeliebt, weil er Algerien aufgegeben hatte.

Mein Aufenthalt in Straßburg dauerte zehn Tage, an denen Manuela und ich uns an jedem Tag getroffen haben. Sogar wenn sie im Restaurant arbeiten musste, war ich mit dabei. Das war die schönste Zeit in meinem damaligen Leben.

Trotzdem kam der unvermeidliche Abschied, da ich fast kein Geld mehr hatte und so bin ich nach Deutschland zurückgefahren. Ich hätte es nicht über das Herz gebracht, Manuela um Geld zu bitten, obwohl ich gewusst habe, sie würde mir alles geben.

Nachdem ich in Deutschland angekommen war, kamen sehr viele Briefe mit den Worten ‚komm zurück, ich brauche dich'. Das war im November 1964.

Im Februar 1965 entschloss ich mich, zurück nach Straßburg zu fahren. Ich hatte von meinem Gewinn beim Pferderennen noch 2.500 Francs auf meinem Konto bei Crédit Lyonnais, die ich mir bei meiner Ankunft abgehoben habe.

Danach habe ich das Konto aufgelöst und blieb dann noch sechs Tage im Hotel Weber, das nicht so komfortabel war wie das Excelsior. Diese sechs Tage nutzten wir auf dem Zimmer, im Kino und beim Essen. Es waren noch sehr schöne Tage, aber mit einem unguten Gefühl. Danach hatte ich nur noch das Fahrgeld nach Deutschland, also folgte wieder einmal ein Abschied. Wir küssten uns sehr innig und mir war sehr mulmig zumute, denn ich wusste nicht, wie alles enden würde. Insgeheim war uns beiden klar, dass dieser Abschied für immer sein könnte, und so kam es auch.

Sie schrieb mir noch einige Briefe, ich solle schnell zurückkommen, die ich auch beantwortet habe – aber ich hatte nicht verstanden, dass das Hilferufe von ihr gewesen waren. Ich schrieb ihr, sie solle auf mich warten, und erklärte ihr, ich müsse arbeiten, um Geld zu verdienen, aber ab März 1965 kamen keine Antwortbriefe mehr. Diese abrupte Trennung hat mich schon sehr getroffen. Ich kann verstehen, dass diese Frau auch eine Sicherheit gebraucht hat.

1968 und 1979 fuhr ich nach Straßburg. Bei diesen Gelegenheiten konnte ich nachfassen, wie es Manuela ergangen war, jedoch blieb es unklar, was aus ihr geworden ist.

Im Jahre 2011 habe ich dann durch Zufall festgestellt, dass meine Briefe sie nie erreicht haben, weil jemand sie vernichtet hatte. Man war der Meinung, für mich sei Frankreich und somit die Legion zu gefährlich. Auf Grund meiner Unwissenheit dachte ich damals, Manuela wolle nichts mehr von mir wissen, und so ging eine wunderschöne, wenn auch zu kurze Zeit zu Ende.
Ich habe nie mehr etwas von ihr gehört.

***

## Doch zurück zum Beginn meines zivilen Lebens im Oktober 1964.

Als ich nach Hause kam, hat man mir alle neuen Verwandten vorgestellt, unter anderem die Schwägerin meines Bruders Hans. Das war ein Mädchen von 16 Jahren, sehr nett, sehr frech mit großer Klappe, aber trotzdem sehr sympathisch.

Zwei meiner Brüder, zusammen mit ihren Frauen, luden mich in eine Gaststätte zum Essen ein, die kleine Freche war auch dabei. Sie hielt mich damals in ihrem jugendlichen Unwissen für arrogant, was davon kam, dass sie noch nie etwas mit so einem Exoten wie mir zu tun gehabt hatte. Sie betrachtete mein festes und bestimmtes Auftreten als Arroganz. Nachdem ich aber noch immer wegen der Ungewissheit mit Manuela irritiert war, hatte ich in diesem Moment kein Interesse an Frauen.

Das legte sich aber sehr schnell, denn man ist ja ein Mann und mit 27 Jahren noch jung genug, um nicht zu versauern.

Am 2. April 1965, an einem Samstag, sagte mein Bruder Hans zu mir: Komm mit, wir fahren zu einer Gaststätte, dort sind immer viele nette Mädchen! Er wollte, dass ich mir eine Frau suche, um meine Gedanken an Straßburg und vor allem an die Legion zu vergessen, dass ich in Deutschland bleibe und mit ihm arbeite.

Die Suche war sinnlos, denn ich wurde gefunden. Die kleine Freche hatte nämlich mitbekommen, dass wir ausgehen wollten; kurz vorher war sie 17 Jahre alt geworden. Mein Bruder Hans nahm sie mit, und wir fuhren mit dem Plastik-Bomber, einem Lloyd 600, zu einer Pizzeria, um zu essen. Und sie hielt mich nicht mehr für arrogant, im Gegenteil: Sie war inzwischen sehr angetan von mir, denn ich war ein „Exot" im positiven Sinn. Ich spürte, dass eine zweite große Liebe begann.

Trotz der Schwierigkeiten seitens der Verwandtschaft, und auch von uns selbst, haben wir 1966 geheiratet. Damals war sie 18 und ich 28

Jahre alt und sie brauchte noch die Unterschrift und Zustimmung ihrer Eltern – damals war man erst mit 21 Jahren volljährig.

Diese freche Göre hat sich zu einer hervorragenden Ehefrau entwickelt. Sie ist eine wunderbare Köchin und Hausfrau, und wir haben alle Hochs und Tiefs, die in einem Leben nun mal vorkommen, gemeinsam gemeistert.

Wir haben bald unsere Goldene Hochzeit, und möge Gott, dass wir sie noch erleben.

***

1984 bin ich dem Verein URAC in München beigetreten, der aus ehemaligen Legionären und Soldaten der französischen Armee bestand.

*URAC*

*URAC- ALE*

Die Hauptaufgaben bestanden darin, die Deutsch-Französische Freundschaft zu stärken und mit der Bundeswehr guten Kontakt zu pflegen. Die URAC veranstaltete viele Feste und Treffen in den Kasernen der Bundeswehr.

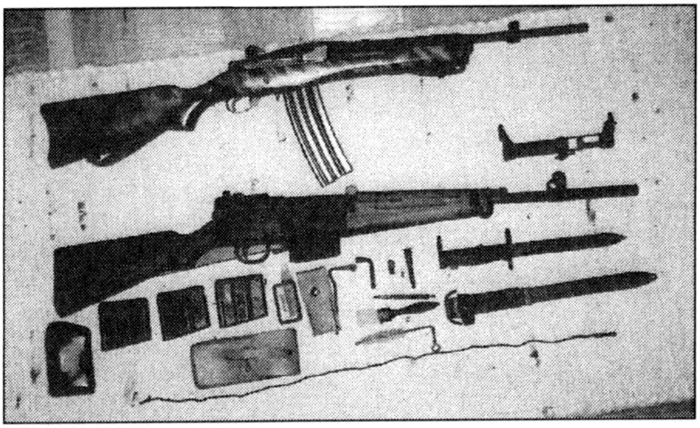

Nach einiger Zeit meiner Mitgliedschaft musste ich eine Waffensachkundeprüfung ablegen, um die Schießmannschaft der URAC zu trainieren und eine hervorragende Mannschaftaufzubauen.Zudemhabei ch mir selbst Waffen zugelegt: MAS-56 im Kaliber 7,5 mm mit Zielfernrohr und Ruger Mini im Kaliber 223.

Wir hatten als Vereinswaffe Heckler & Koch Halbautomatik SL7 im Kaliber 7,62 mm, die alle bei mir im Stahlschrank lagerten.

Nach einem Antrag von mir, erhielt jeder eine komplette Uniform der regulären französischen Armee, und auf Bundeswehranlagen hatten wir stets die Genehmigung eines französischen Verbindungsoffiziers bei uns.

Nun konnten wir, anständig angezogen, unser Schießen bei der Bundeswehr und auch bei ausländischem Militär mit sehr guten Ergebnissen absolvieren.

*In französischer Uniform 1988 in Ingolstadt.*

*

*Im Vordergrund liegend mit dem MG als Linksschütze.*
*In Algerien habe ich nicht mit dem MG FM 24/29, auch als MAC-24/29 bekannt, geschossen, da es eine links angebrachte Zieleinrichtung hatte. Meine Stärken war die MP MAT-49, das Gewehr MAS-56 und das MG AA-52*

*Hier bin ich wieder als Linksschutze mit einer tschechischen AK-47 zu sehen.*
*Mit der AK-47 haben wir in Algerien immer wieder Bekanntschaft gemacht, wenn Rebellen über die tunesische Grenze gekommen sind. Oft waren sie mit komplett neuen Waffen und neuer Ausrüstung aus tschechischer Fertigung ausgestattet.*

*Die Klein-Maschinenpistole Skorpion ... mehr ein Spielzeug.*

*Der erste große Sieg unserer Schießmannschaft – bei 500 teilnehmenden Schützen – auf dem Bundeswehrschießplatz in Neulindach bei München. Als Chef durfte ich den großen Wanderpokal in den Händen halten.*

1988 fuhr ich mit meiner Frau zum 125-jährigen Camerone-Fest.

*Die große Vorbereitung zur Parade wurde dieses Mal in der Winteruniform durchgeführt.*

*Solch einen Panzerspähwagen hatten wir, mit exakt der gleichen Ausführung, an der tunesischen Grenze. Beim Anblick wurden in mir (li. im Bild) Erinnerungen wach.*

1989 waren wir mit einigen Mitgliedern der URAC in Verdun und besuchten alle wichtigen Sehenswürdigkeiten: das Fort, das Museum und der Soldatenfriedhof, auf dem wir Kränze niederlegten.

*Vor der Kranzniederlegung – links Sergent Pilsner († 24.03.2014), Mitte Sergent Stelzl. Rechts im Bild Präsident Sturm, ein Vertreter der Chevauleger, ein Traditionsverein aus München.*

*Sergent Pilsner und Sergent Stelzl als Ehrenwache.*

Auch in unserem Treffpunkt in München hatten wir Feiern zum Camerone-Fest.

*Von links nach rechts: Alexander Stelzl, der Brigade General von Mengden (damals noch im aktiven Dienst der Bundeswehr), ein Hauptkommissar der Regensburger Polizei und der Präsident Kuhn vom Bayerischen Soldatenbund.*

Im Jahre 2010 bekam ich, wie bereits erwähnt, die Médaille Militaire.

*Auf dem Foto gratuliert mir der französische Generalkonsul zur Médaille Militaire in der Sanitätsakademie der Bundeswehr in München. Man sieht, die Legion ist nicht vergessen.*

2013 fand das 150-jährige Fest von Camerone in Aubagne statt. Wir fuhren mit fünf Kameraden und einem geliehenen VW-Bus für sechs Tage dorthin.

Geschlafen wurde in La Ciotat, in der Legionsunterkunft. Wir besuchten in Auriol das Rentnerheim für Legionäre und das Invalidenheim der Legionäre in Puyloubier. Hier befinden sich auch das Weingut und ein Museum.

*2. v. li. Alexander Stelzl.*

*Camerone-Fest, Aubagne 2013*

J.Lieber © Légion étrangère

O.Ziegler © Légion étrangère

*

2014 ging es noch einmal nach Aubagne zum Camerone-Fest. Diesmal mit vier Mann.

In jenem Jahr wurde die Schießmannschaft aufgelöst und die Veranstaltungen der URAC wurden reduziert. Die Mitglieder versterben und wir bekommen keinen „Nachschub" mehr.

*

Ende 2014 war ich in Straßburg, um alte Erinnerungen aufleben zu lassen – es war eine herbe Enttäuschung, da ich fast nichts mehr so vorfand, wie es einmal war: Der Flughafen, wo ich meinen CIA-Lauf gemacht habe, war völlig verkommen. Die alte Kaserne existierte nicht mehr und das Gelände war nicht mehr zugänglich. Das Hotel Excelsior gibt es unter einem anderen Namen, das Hotel Weber ist noch existent. Die Außenbezirke von Straßburg wirken vernachlässigt, viele Straßenzüge waren von geschlossenen Gasthöfen und Geschäften mit herabgelassenen Rollos gezeichnet. Auf Grund meiner großen Enttäuschung bin ich am nächsten Tag wieder nachhause gefahren.

***

## Der Präsident der URAC

Die unzähligen und auch aufwendigen Veranstaltungen in den letzten 35 Jahren, die fast ausschließlich vom Präsidenten Bernard initiiert wurden, zeigen, dass die Legion und ihre Anciens in Deutschland aktiv und mittlerweile gut angesehen sind.

Serge Bernard, der langjährige Präsident der URAC und URAC-ALE, bei einer Ansprache anlässlich der Camerone Feier 2016:

*Mittig ist die Legionsfahne zu sehen. Sie wurde in der Theatinerkirche, auch als Stiftskirche St. Kajetan bekannt, in München geweiht.*
*2. v. li. Alexander Stelzl.*

***

## Meinungsverschiedenheiten

Durchaus habe ich auch Streitigkeiten unter ehemaligen Legionären mitbekommen – insbesondere unter denen, die ihre ganze Dienstzeit in einer Einheit verbracht und deshalb keine Kenntnisse von anderen Einheiten hatten.

Man muss bedenken, dass es in keiner Einheit, sei es Regiment, Kompanie, Section oder auch in kleinen Gruppen, immer so zugegangen ist, dass die einzelnen Vorgesetzten ihre Kompetenzen ausgenutzt haben. Das heißt: Der eine war sehr streng, ein anderer war eher kameradschaftlich.

Zudem hatten viele Einheiten verschiedene Aufgaben. Die einen waren vollmotorisiert, andere wurden von den regulären Truppen befördert.

Es gab auch Einheiten mit einem eigenen BMC, es gab die Kavallerie, die Fallschirmjäger, die Musik, die Sportabteilung in Sidi Bel Abbès, die ganzen Schulungen, die Ausbildungskompanien, die Verwaltungs- und Passagekompanien, Mechaniker, Köche, Chauffeure und so weiter.

Jeder Legionär hat seine individuellen Erlebnisse und kann nicht behaupten, dass alles überall gleich war.

Dann kommt noch dazu, dass man zu verschiedenen Zeiten am jeweiligen Ort war oder in verschiedenen Regionen und sogar in verschiedenen Ländern, und es kommt auch darauf an, wie der Einzelne sich benommen hat und auf Grund dessen behandelt wurde.

***

## Von Wahrheiten und Unwahrheiten

Am meisten muss ich mich ärgern, wenn an den Biertischen Heldentaten erzählt werden. Bei uns im Verein war einer, der war, als ich ihn kennenlernte, Sergent-chef mit der Militärmedaille, einige Zeit später war er angeblich schon Adjudant.

Wir haben daraufhin eine Anfrage in Aubagne gestartet und es stellte sich heraus, dass er nur einige Monate in der Legion war und wegen Krankheit nachhause geschickt wurde. Nachdem man ihn mit der Wahrheit konfrontiert hatte, ließ er sich nicht mehr bei uns blicken.

Und zu einer Camerone-Feier kam ein Caporal-chef aus Wien zu uns nach München. Er trug die *Légion D'Honneur* und die Militärmedaille ohne Erlaubnis. Auch er wurde nie wieder gesehen.

***

## Anhang

Urkunden, Papiere, Dokumente und alles, was sich in fünf Jahren angesammelt hat.

### *Meine Auszeichnungen*

RF

RÉPUBLIQUE FRANÇAISE

MÉDAILLE MILITAIRE

VALEUR DISCIPLINE

AU NOM DU PRÉSIDENT DE LA RÉPUBLIQUE FRANÇAISE
GRAND MAÎTRE DE L'ORDRE NATIONAL DE LA LÉGION D'HONNEUR

LE GRAND CHANCELIER DE LA LÉGION D'HONNEUR
délivre le présent brevet à Monsieur Alexander STELZL
ANCIEN SERGENT AU 4E REGIMENT ETRANGER D'INFANTERIE
né le 30 janvier 1938 à POCHING (ALLEMAGNE)
décoré de la MÉDAILLE MILITAIRE par décret du 21 avril 2009

Fait à Paris, le 15 mai 2009

Scellé et enregistré sous le N° 2014MRE09
/Le Secrétaire Général adjoint/

Général KELCHE

**Médaille Militaire** – die zweithöchste Auszeichnung Frankreichs.

Sie wurde am 22. Januar 1852 von Louis-Napoleon Bonaparte gestiftet. Die höchste Auszeichnung ist der Verdienstorden *Légion d'honneur* / Ehrenlegion.

*

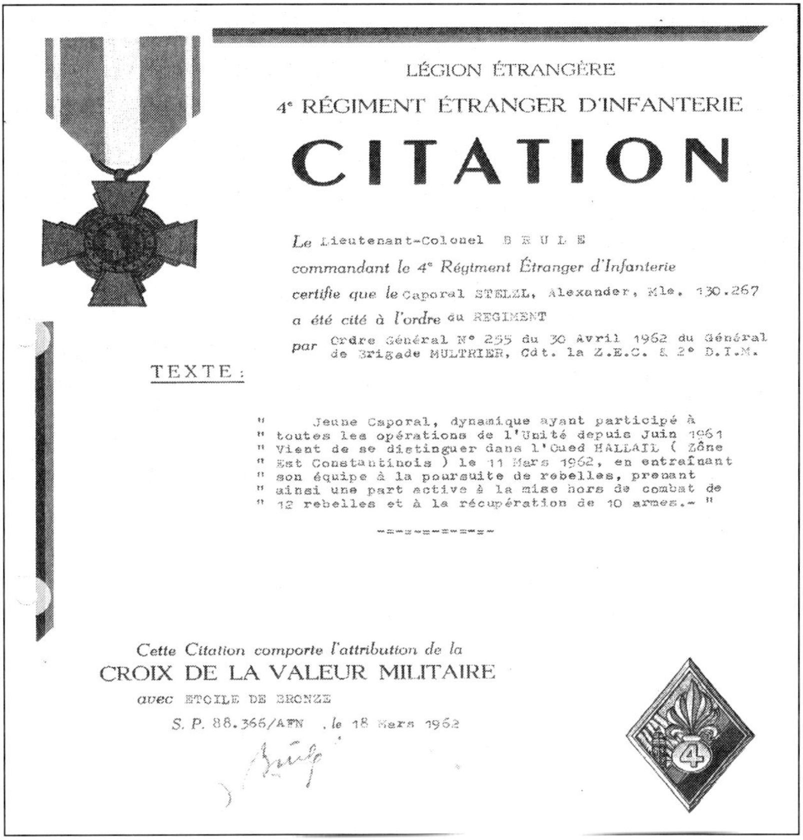

LÉGION ÉTRANGÈRE

4e RÉGIMENT ÉTRANGER D'INFANTERIE

CITATION

*Le* Lieutenant-Colonel B E U L E

*commandant le 4e Régiment Étranger d'Infanterie*

*certifie que le* Caporal STELZL, Alexander, Mle. 130.267

*a été cité à l'ordre* du REGIMENT

*par* Ordre Général N° 255 du 30 Avril 1962 du Général de Brigade MULTRIER, Cdt. la Z.E.C. & 2° D.I.M.

TEXTE :

" Jeune Caporal, dynamique ayant participé à
" toutes les opérations de l'Unité depuis Juin 1961
" Vient de se distinguer dans l'Oued HALLAIL ( Zône
" Est Constantinois ) le 11 Mars 1962, en entraînant
" son équipe à la poursuite de rebelles, prenant
" ainsi une part active à la mise hors de combat de
" 12 rebelles et à la récupération de 10 armes.- "

-=-=-=-=-=-=-=-

*Cette Citation comporte l'attribution de la*

CROIX DE LA VALEUR MILITAIRE

*avec* ETOILE DE BRONZE

*S. P.* 88.366/AFN *, le* 18 Mars 1962

Verleihungsurkunde zum **Croix de la Valeur Militaire**.

Da Frankreich erst im Jahr 1999 den Krieg in Algerien als Krieg anerkannte, konnte die Auszeichnung *Croix de Guerre* nicht in den Jahren zuvor für den Einsatz in Algerien verliehen werden. Am 11. April 1956 wurde daher für die Auszeichnung von Tapferkeit eine Medaille gestiftet – das Kreuz *Croix de la Valeur Militaire*.

*

**Croix du Combattant Volontaire** mit der Bandspange „Afrique du Nord".

Lediglich 4.468 dieser Kreuze mit der Spange „Afrique du Nord" wurden bis 1992 an freiwillige Kombattanten verliehen – am 20. April 1988 wurde diese Spange als Erweiterung eingeführt.

*

DIPLÔME
de la Médaille Commémorative
des opérations de sécurité et de maintien de l'ordre
avec agrafe :
décerné à M.
A le
Le
Imprimerie Nationale.

Erinnerungsmedaille zur Aufrechterhaltung der Sicherheit und Ordnung in Algerien.

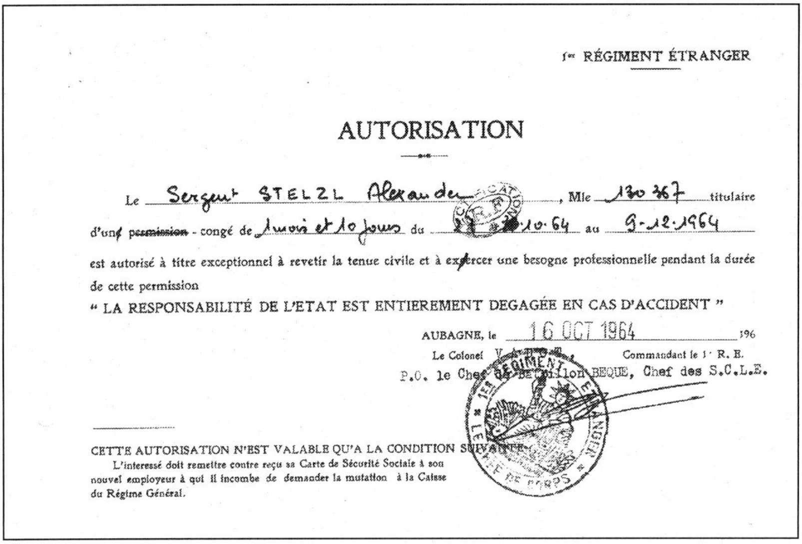

1er RÉGIMENT ÉTRANGER

AUTORISATION

Le Sergent STELZL Alexander, Mle 130 367 titulaire d'une ~~permission~~ - congé de 1 mois et 10 jours du [illegible] 10.64 au 9-12-1964

est autorisé à titre exceptionnel à revetir la tenue civile et à exercer une besogne professionnelle pendant la durée de cette permission

" LA RESPONSABILITÉ DE L'ETAT EST ENTIEREMENT DEGAGÉE EN CAS D'ACCIDENT "

AUBAGNE, le 16 OCT 1964

Le Colonel [illegible], Commandant le 1er R. E.

P.O. le Chef de Bataillon BEQUE, Chef des S.C.L.E.

CETTE AUTORISATION N'EST VALABLE QU'A LA CONDITION SUIVANTE:

L'interessé doit remettre contre reçu sa Carte de Sécurité Sociale à son nouvel employeur à qui il incombe de demander la mutation à la Caisse du Régime Général.

Genehmigung zum Tragen ziviler Kleidung während der Dienstzeit.

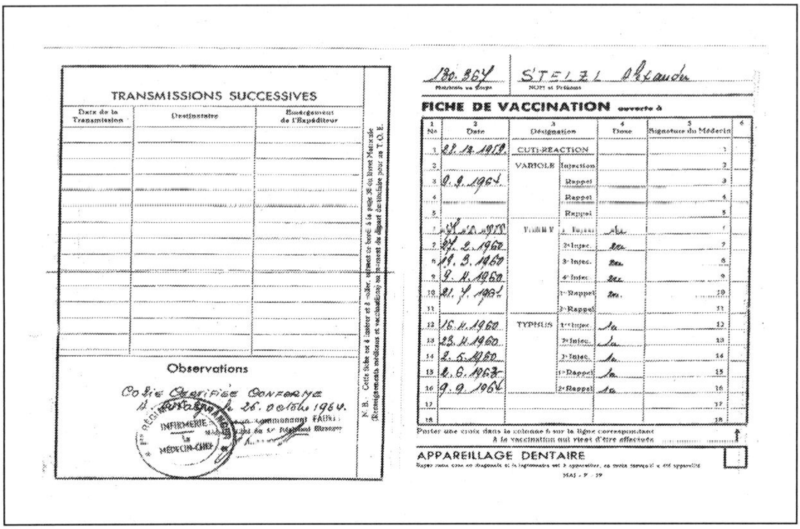

TRANSMISSIONS SUCCESSIVES

| Date de la Transmission | Destinataire | Emargement de l'Expéditeur |
|---|---|---|

Observations

Copie Certifiée Conforme [illegible] le 26. octobre 1964.

130.367 — STELZL Alexander

Matricule au Corps — NOM et Prénoms

FICHE DE VACCINATION ouverte à

| 1 No | 2 Date | 3 Désignation | | 4 Dose | 5 Signature du Médecin | 6 |
|---|---|---|---|---|---|---|
| 1 | 23.12.1959 | CUTI-REACTION | | | 1 | |
| 2 | | VARIOLE | Injection | | 2 | |
| 3 | 9.9.1964 | | Rappel | | 3 | |
| 4 | | | Rappel | | 4 | |
| 5 | | | Rappel | | 5 | |
| 6 | [illegible] | [illegible] | 1re Injec. | [illegible] | 6 | |
| 7 | 27.2.1960 | | 2e Injec. | 2cc | 7 | |
| 8 | 11.3.1960 | | 3e Injec. | 2cc | 8 | |
| 9 | 9.4.1960 | | 4e Injec. | 2cc | 9 | |
| 10 | 21.4.1961 | | 1er Rappel | 2cc | 10 | |
| 11 | | | 2e Rappel | | 11 | |
| 12 | 16.4.1960 | TYPHUS | 1re Injec. | 1cc | 12 | |
| 13 | 23.4.1960 | | 2e Injec. | 1cc | 13 | |
| 14 | 2.5.1960 | | 3e Injec. | 1cc | 14 | |
| 15 | 2.6.1962 | | 1er Rappel | 1cc | 15 | |
| 16 | 9.9.1964 | | 2e Rappel | 1cc | 16 | |
| 17 | | | | | 17 | |
| 18 | | | | | 18 | |

Porter une croix dans la colonne 6 sur la ligne correspondant à la vaccination qui vient d'être effectuée

APPAREILLAGE DENTAIRE

Impfpass

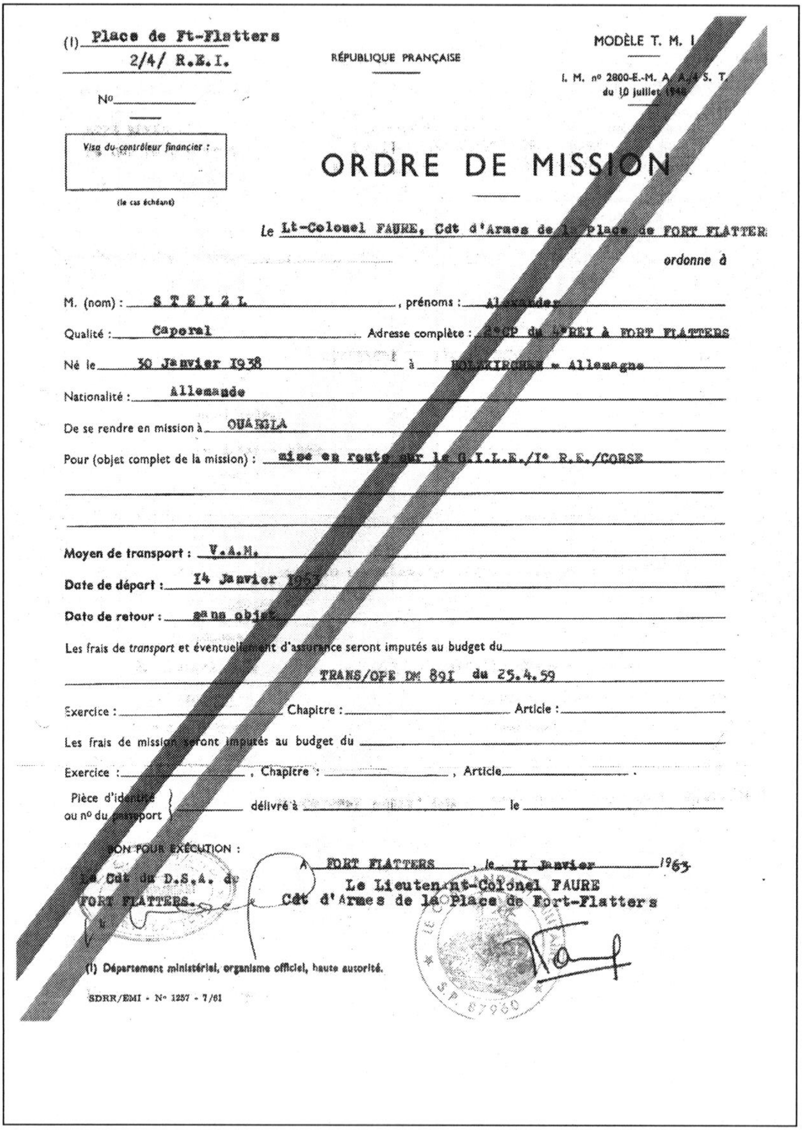

(1) Place de Ft-Flatters
2/4/ R.E.I.

RÉPUBLIQUE FRANÇAISE

MODÈLE T. M. I

I. M. n° 2800-E.-M. A. A./4 S. T.
du 10 juillet 1948

N°

Visa du contrôleur financier :
(le cas échéant)

ORDRE DE MISSION

Le Lt-Colonel FAURE, Cdt d'Armes de la Place de FORT FLATTERS
ordonne à

M. (nom) : S T E L Z L , prénoms : Alexander
Qualité : Caporal Adresse complète : 2°CP du 4°REI à FORT FLATTERS
Né le 30 Janvier 1938 à HOLZKIRCHEN - Allemagne
Nationalité : Allemande
De se rendre en mission à OUARGLA
Pour (objet complet de la mission) : mise en route sur le G.I.L.E./I° R.E./CORSE

Moyen de transport : V.A.M.
Date de départ : I4 Janvier 1963
Date de retour : sans objet
Les frais de transport et éventuellement d'assurance seront imputés au budget du
TRANS/OPE DM 89I du 25.4.59
Exercice : Chapitre : Article :
Les frais de mission seront imputés au budget du
Exercice : , Chapitre : , Article .
Pièce d'identité ou n° du passeport délivré à le

BON POUR EXÉCUTION :
Le Cdt du D.S.A. de FORT FLATTERS.

A FORT FLATTERS , le II Janvier 1963
Le Lieutenant-Colonel FAURE
Cdt d'Armes de la Place de Fort-Flatters

(1) Département ministériel, organisme officiel, haute autorité.

SDRR/EMI - N° 1257 - 7/61

Dienstreiseanordnung

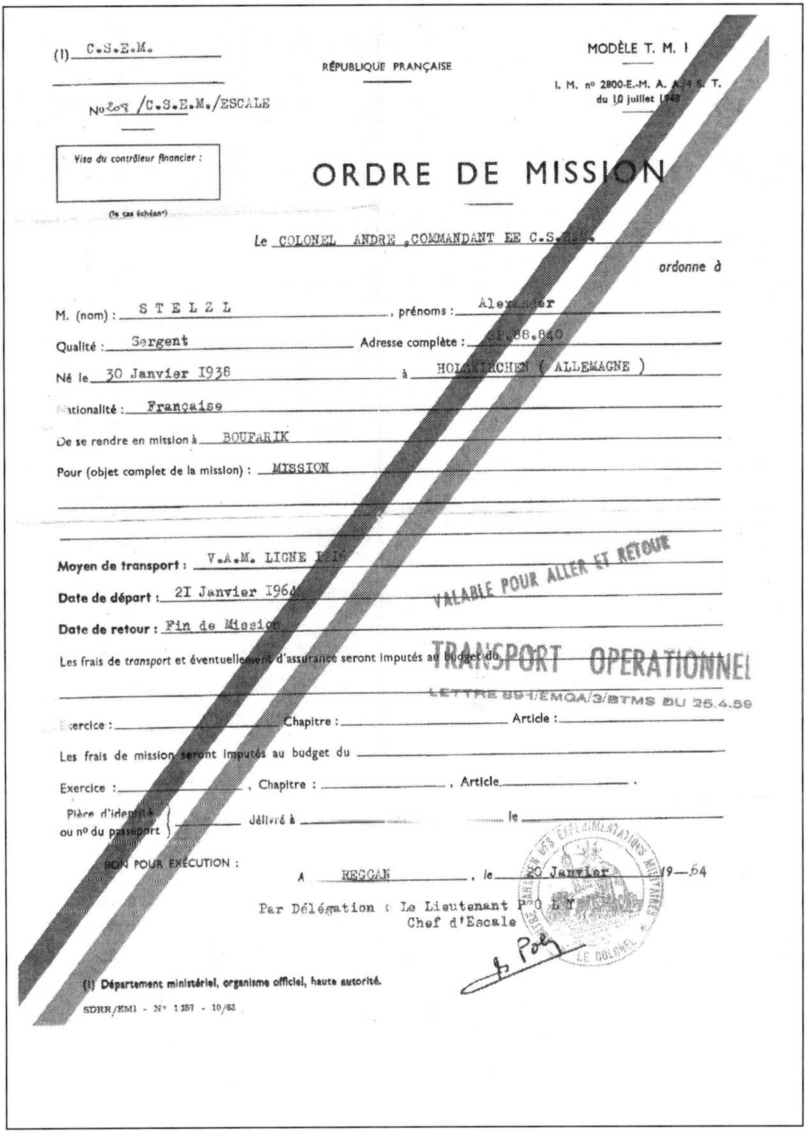

(1) C.S.E.M.

RÉPUBLIQUE FRANÇAISE

MODÈLE T. M. I

I. M. nº 2800-E.-M. A. ... T.
du 10 juillet ...

Nº 209 /C.S.E.M./ESCALE

Visa du contrôleur financier :

(le cas échéant)

# ORDRE DE MISSION

Le COLONEL ANDRE ,COMMANDANT LE C.S.E.M.

ordonne à

M. (nom) : S T E L Z L , prénoms : Alexander

Qualité : Sergent Adresse complète : 61.68.840

Né le 30 Janvier 1938 à HOLZKIRCHEN ( ALLEMAGNE )

Nationalité : Française

De se rendre en mission à BOUFARIK

Pour (objet complet de la mission) : MISSION

Moyen de transport : V.A.M. LIGNE ...

Date de départ : 2I Janvier 1964

Date de retour : Fin de Mission

VALABLE POUR ALLER ET RETOUR

Les frais de *transport* et éventuellement d'assurance seront imputés au budget du

TRANSPORT OPERATIONNEL

LETTRE 891/EMOA/3/BTMS DU 25.4.59

Exercice : Chapitre : Article :

Les frais de mission seront imputés au budget du

Exercice : , Chapitre : , Article .

Pièce d'identité ou nº du passeport délivré à le

BON POUR EXÉCUTION :

A REGGAN , le 20 Janvier 19 64

Par Délégation : Le Lieutenant POLY
Chef d'Escale

(1) Département ministériel, organisme officiel, haute autorité.

SDRR/EMI - Nº 1257 - 10/63

Dienstreiseanordnung

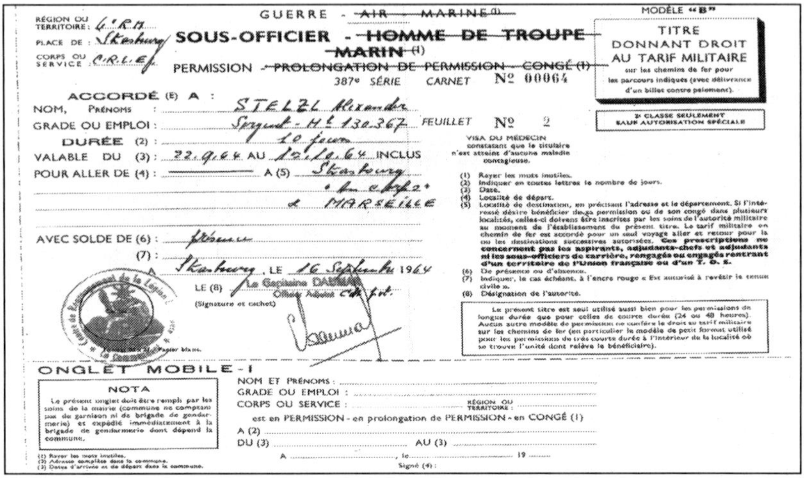

GUERRE - ~~AIR - MARINE~~ (1) MODÈLE « B »

RÉGION OU TERRITOIRE : 6e R.M.
PLACE DE : Strasbourg
CORPS OU SERVICE : C.R.L.E.

SOUS-OFFICIER - ~~HOMME DE TROUPE MARIN~~ (1)

PERMISSION - ~~PROLONGATION DE PERMISSION - CONGÉ~~ (1)

387e SÉRIE CARNET Nº 00064

TITRE DONNANT DROIT AU TARIF MILITAIRE sur les chemins de fer pour les parcours indiqués (avec délivrance d'un billet contre paiement).

2e CLASSE SEULEMENT SAUF AUTORISATION SPÉCIALE

ACCORDÉ (E) A :
NOM, PRÉNOMS : STELZL Alexander
GRADE OU EMPLOI : Sergent - Mle 130.367 FEUILLET Nº 2
DURÉE (2) : 10 jours
VALABLE DU (3) : 22.9.64 AU 1er.10.64 INCLUS
POUR ALLER DE (4) : —— A (5) Strasbourg « en clef 2 » à MARSEILLE
AVEC SOLDE DE (6) : présence
(7) :
A Strasbourg, LE 16 Septembre 1964
LE (8) La Capitaine DA[illegible] Officier Adjoint C[illegible]
(Signature et cachet)

VISA DU MÉDECIN constatant que le titulaire n'est atteint d'aucune maladie contagieuse.

(1) Rayer les mots inutiles.
(2) Indiquer en toutes lettres le nombre de jours.
(3) Date.
(4) Localité de départ.
(5) Localité de destination, en précisant l'adresse et le département. Si l'intéressé désire bénéficier de sa permission ou de son congé dans plusieurs localités, celles-ci doivent être inscrites par les soins de l'autorité militaire au moment de l'établissement du présent titre. Le tarif militaire en chemin de fer est accordé pour un seul voyage aller et retour pour la ou les destinations successives autorisées. **Ces prescriptions ne concernent pas les aspirants, adjudants-chefs et adjudants ni les sous-officiers de carrière, rengagés ou engagés rentrant d'un territoire de l'Union française ou d'un T. O. E.**
(6) De présence ou d'absence.
(7) Indiquer, le cas échéant, à l'encre rouge « Est autorisé à revêtir la tenue civile ».
(8) Désignation de l'autorité.

Le présent titre est seul utilisé aussi bien pour les permissions de longue durée que pour celles de courte durée (24 ou 48 heures). Aucun autre modèle de permission ne confère le droit au tarif militaire sur les chemins de fer (en particulier le modèle de petit format utilisé pour les permissions de très courte durée à l'intérieur de la localité où se trouve l'unité dont relève le bénéficiaire).

ONGLET MOBILE - I

NOTA
Le présent onglet doit être rempli par les soins de la mairie (commune ne comptant pas de garnison ni de brigade de gendarmerie) et expédié immédiatement à la brigade de gendarmerie dont dépend la commune.

NOM ET PRÉNOMS :
GRADE OU EMPLOI :
CORPS OU SERVICE : RÉGION OU TERRITOIRE :
est en PERMISSION - en prolongation de PERMISSION - en CONGÉ (1)
A (2)
DU (3) AU (3)
A , le 19
Signé (4) :

(1) Rayer les mots inutiles.
(2) Adresse complète dans la commune.
(3) Dates d'arrivée et de départ dans la commune.

Genehmigung meiner Zugfahrt von Straßburg nach Marseille.

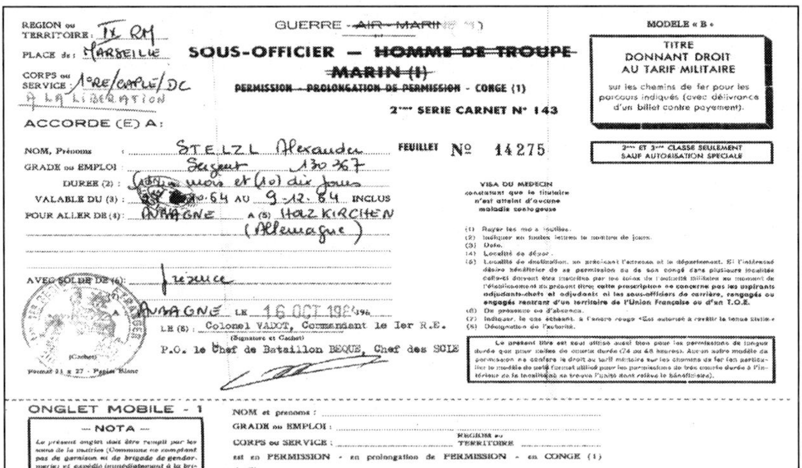

GUERRE - ~~AIR - MARINE~~ (1) MODELE « B »

REGION ou TERRITOIRE : IX RM
PLACE de : MARSEILLE
CORPS ou SERVICE : 1ère RE/CAPLE/DC A LA LIBERATION

SOUS-OFFICIER — ~~HOMME DE TROUPE MARIN~~ (1)

~~PERMISSION - PROLONGATION DE PERMISSION~~ - CONGE (1)

2ème SERIE CARNET N° 143

TITRE DONNANT DROIT AU TARIF MILITAIRE sur les chemins de fer pour les parcours indiqués (avec délivrance d'un billet contre payement).

2ème ET 3ème CLASSE SEULEMENT SAUF AUTORISATION SPECIALE

ACCORDE (E) A :
NOM, Prénoms : STELZL Alexander FEUILLET Nº 14275
GRADE ou EMPLOI : Sergent 130 367
DUREE (2) : [illegible] mois et (10) dix jours
VALABLE DU (3) : [illegible].64 AU 9-12-64 INCLUS
POUR ALLER DE (4) : AUBAGNE A (5) HOLZKIRCHEN (Allemagne)
AVEC SOLDE DE (6) : présence
(7) :
A AUBAGNE LE 16 OCT 1964
LE (8) : Colonel VADOT, Commandant le Ier R.E.
(Signature et Cachet)
P.O. le Chef de Bataillon BEQUE, Chef des SCIE
(Cachet)
Format 21 x 27 - Papier Blanc

VISA DU MEDECIN constatant que le titulaire n'est atteint d'aucune maladie contagieuse

(1) Rayer les mots inutiles.
(2) Indiquer en toutes lettres le nombre de jours.
(3) Date.
(4) Localité de départ.
(5) Localité de destination, en précisant l'adresse et le département. Si l'intéressé désire bénéficier de sa permission ou de son congé dans plusieurs localités celles-ci doivent être inscrites par les soins de l'autorité militaire au moment de l'établissement du présent titre; cette prescription ne concerne pas les aspirants adjudants-chefs et adjudants ni les sous-officiers de carrière, rengagés ou engagés rentrant d'un territoire de l'Union Française ou d'un T.O.E.
(6) De présence ou d'absence.
(7) Indiquer, le cas échéant, à l'encre rouge «Est autorisé à revêtir la tenue civile»
(8) Désignation de l'autorité.

Le présent titre est seul utilisé aussi bien pour les permissions de longue durée que pour celles de courte durée (24 ou 48 heures). Aucun autre modèle de permission ne confère le droit au tarif militaire sur les chemins de fer (en particulier le modèle de petit format utilisé pour les permissions de très courte durée à l'intérieur de la localité où se trouve l'unité dont relève le bénéficiaire).

ONGLET MOBILE - 1

— NOTA —
*Le présent onglet doit être rempli par les soins de la mairie (Commune ne comptant pas de garnison ni de brigade de gendarmerie) et expédié immédiatement à la brigade de gendarmerie dont dépend la commune.*

NOM et prénoms :
GRADE ou EMPLOI :
CORPS ou SERVICE : REGION ou TERRITOIRE
est en PERMISSION - en prolongation de PERMISSION - en CONGE (1)
A (2)
DU (3)
A , le 196
Signé : (4)

(1) Rayer les mentions inutiles.
(2) Adresse complète dans la commune.
(3) Date d'arrivée et de départ dans la commune.
(4) Cachet et signature.

Genehmigung meiner Zugfahrt von Aubagne nach Deutschland.

# Gästeliste

zur Camerone-Feier 1964 in Straßburg

CAMERONE 1964

REPONSES OUI B

| Liste | GRADE ET NOMS | FONCTIONS | § Nombre | OBSERV |
|---|---|---|---|---|
| 1 | ~~Colonel JOLY~~ | ~~Directeur Trv Génie~~ | ~~1~~ | ~~A1~~ |
| | ~~" MICHAUD~~ | ~~AdjGal 6°B.M.~~ | ~~1~~ | ~~A2~~ |
| | ~~" DUGAT~~ | ~~Cdt Sub~~ | ~~1~~ | ~~A2~~ |
| | ~~" DAGOVAL~~ | ~~-"-~~ | ~~2~~ | ~~A2~~ |
| | ~~Lnt-Colonel GERANT~~ | ~~Cdt le B.A.124~~ | ~~1~~ | |
| | Cdt RODIER | Cdt Préparation Milt | 1 | |
| | Cdt VIALLE | Chef Sce Social | 1 | |
| | Cne DEFAISSE | Gend Strasbourg Campagne | 1 | |
| | Cdt SCHWOERTZIG | Méd-Chef Garnison | 1 | |
| 2 | Cdt LITIQUE | 4° Bureau | 1 | |
| | Cdt FAVRE D'ESCHALLENS | 4) Bureau | 1 | |
| | Cdt ECROS | 8°RIM | 1 | |
| | Cdt BERTAGNIOLO | Cdt Train FFA | 1 | |
| | Cne FORESTIER | E-M 3°B Baden | 1 | |
| | Cne GLINZIG | Off. Trans. MULHOUSE | 1 | |
| | Cne MONGEREAU | Chef de Drapeau | 1 | |
| | S/Lnt JUAN | O.R. | 1 | |
| | Lnt CHAPRROT | O.R. | 1 | |
| | Cdt VIARD | ECOLE MILITAIRE | 1 | A2 |
| | Cdt HOOGGSTOEL | Cdt le C.M.66 | 1 | |
| 3 | Mr RODRIGUEZ | Educateur post pénal | 1 | |
| | Mr RICHARD | Police des Etrangers | 1 | |
| | ~~Mr PICHET~~ | ~~Direc.Cab du Maire~~ | ~~1~~ | |
| | ~~Mr de DIEULEVEUT~~ | ~~Directeur Haras~~ | ~~2~~ | ~~et Mme~~ |
| | Mr SCHOEN | Sec;Gal;ACVG | 1 | |
| | Mr COTTIN | Ing en Chef Régional RTF | 1 | |
| | Mr MARTIN | Conservateur Musée Hist. | 1 | |
| | ~~Mr BOURSIER~~ | ~~Chargé Mission Cab Préfet~~ | ~~1~~ | |
| | ~~Colonel CHURLET~~ | ~~Ano en Major Garnison~~ | ~~2~~ | ~~et Mme~~ |
| | Cdt SCHALLER | Chef Sce Documentation | 1 | |
| 4 | Mr HUBNER | Centre Camerone | 1 | |
| | Mr SCHALLER | Prés.A.L. COLMAR | 4 | |
| | A/C AURAM | | 1 | A2 |
| | 1°RIM | | 10 | |
| BOS | Cdt GODINOT | | 1 | A2 |
| | Cne LE FLOCH | | 1 | A2 |
| 4 | Mr REPPLINGER | Corniche Civile | 6 | |
| 3 | ~~Mr AMANN-FIRMERY~~ | ~~[illegible] Publics~~ | ~~2~~ | ~~A1~~ |
| 2 | Cdt AMATE | | 1 | |
| | Cne ORENGO | 12°RAB | 1 | |
| | S/M/ OBRY | " | 1 | |
| BOC | Cdt KUEHN | | 1 | A2 |
| | Colonel GOETZ | en retraite | 1 | |
| | Cne OLTENWETTER | Cdt CG3 | 1 | |
| | ~~Com. NOIRET~~ | ~~Commissaire Divisionnaire~~ | ~~2~~ | ~~A1~~ |
| | Adj WAGNER | | 1 | |
| | Corniche Militaire | | 10 | |
| | S:M HEDDEBAUT | 153°RIM | 1 | |
| | S/C ANTONIOLE | 153°RIM | 1 | |
| | Cne Frégate CUNY | | 1 | A2 |
| | S/C TOMASINI | 153°RIM | 1 | |
| | Cne GUERLESQUAIN | | 1 | |
| | Mr KRIEGEL | CRLE | 2 | et Mme |
| | Cne FAIVRE | GENIE | 1 | |
| | S/MAJOR AMSTALDEN | I53°RIM | I | |
| | Mr BIETH | Directeur Régional Douanes | I | 60 |

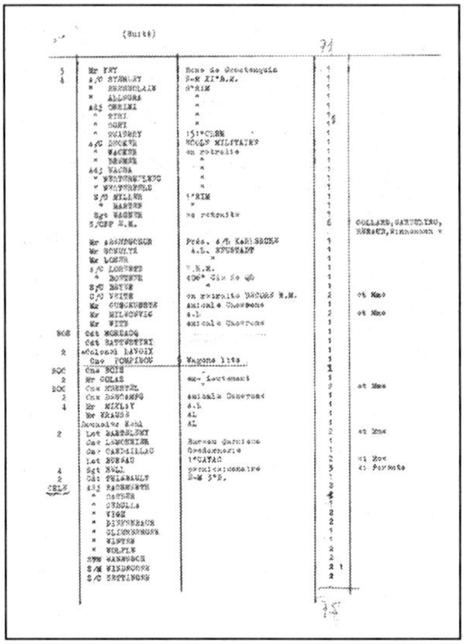

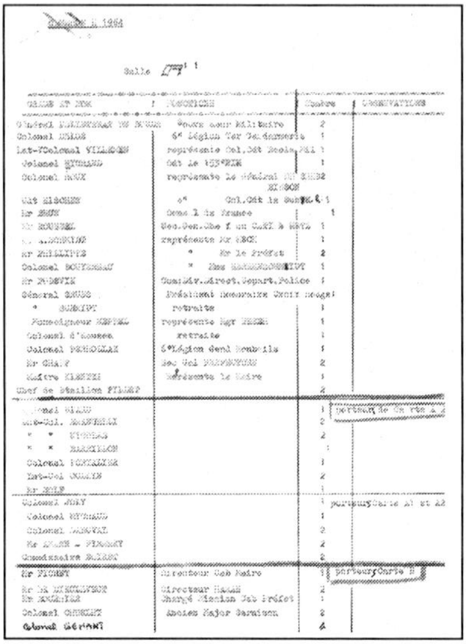

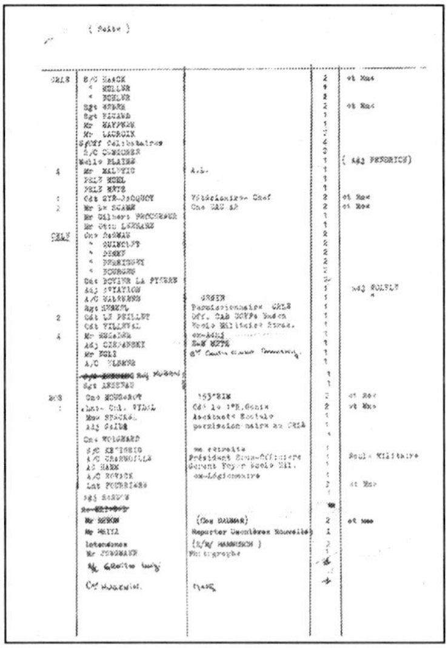

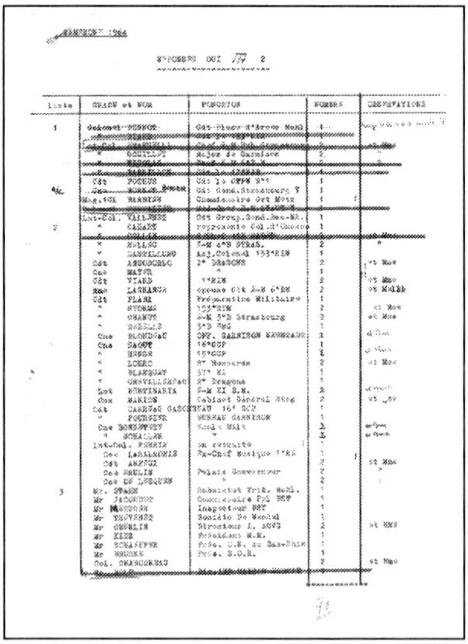

## Preise

Liste für militärisches Zubehör Anfang der 1960er Jahre. Die Berechnung war noch in alten Francs, man muss durch 100 teilen, und der neue Franc stand damals 1 zu 1 mit der Deutschen Mark. 1964 kostete ein Liter Kerosin für die Hubschrauber umgerechnet 6 Pfennige.

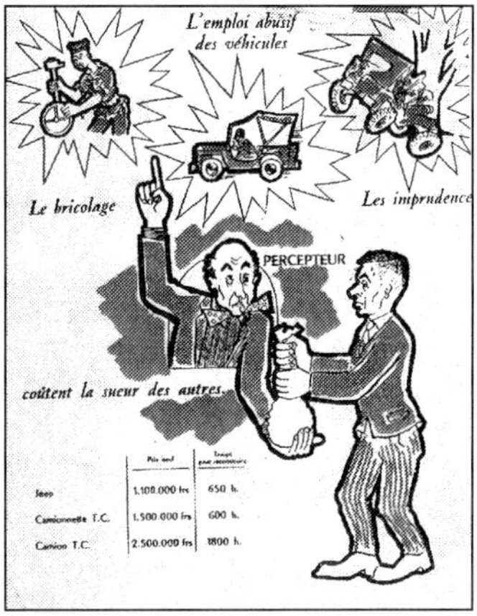


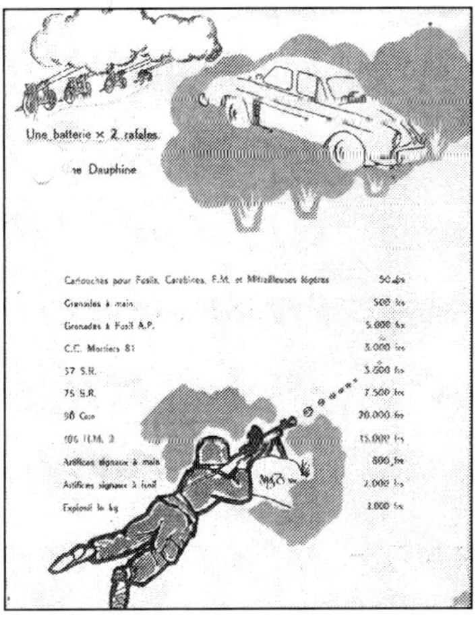

## Certificat Interarmes des 1. Régiment étranger

Ausschnitt aus dem Handbuch zur Vorbereitung

MINISTÈRE DES ARMÉES
ÉTAT-MAJOR DE L'ARMÉE
3e Bureau

TTA 168

1er RÉGIMENT ÉTRANGER
Centre de Regroupement
de la Légion Étrangère

MANUEL
DE PRÉPARATION
AU

# CERTIFICAT INTERARMES

*Approuvé le 22 avril 1960, sous le no 3613 EMA/3/1*

**Tome I**

ÉDITIONS BERGER-LEVRAULT
5, rue Auguste-Comte, PARIS (VIe)
1961

Plan zum "Parcours du combattant"; Seite 52 bis 57.

*CERTIFICAT INTERARMES* 52

*b*) **Vitesse :** qui conditionne la sûreté par rapport à l'ennemi.

c) **Économie :** une technique sûre permettra le franchissement de l'obstacle avec le minimum d'efforts. Ne pas oublier qu'après avoir vaincu le terrain, le combattant doit avoir assez de réserve musculaire pour vaincre l'homme.

*C — ÉTUDE DE LA LEÇON « TERRAIN »*

**1. Plan et durée**

Une leçon « Terrain » dure en moyenne 50 minutes.
Quelles sont les différentes parties de la leçon « Terrain »?

| | |
|---|---|
| Prise en main | 2′ |
| Mise en train | 5′ |
| Révision (obstacles vus précédemment) | 10′ |
| Leçon proprement dite (étude technique de nouveaux obstacles) | 20′ |
| Jeux | 10′ |
| Retour au calme | 2′ |
| Reprise en main | 1′ |

Les temps indiqués peuvent varier, une leçon peut par exemple nécessiter une mise en train beaucoup plus longue. Le temps nécessaire sera pris sur la révision ou les jeux, au choix du moniteur.

NOMENCLATURE DES OBSTACLES UTILISÉS AU COURS DES LEÇONS « TERRAIN »

| OBSTACLES | TECHNIQUE DU FRANCHISSEMENT |
|---|---|
| <br>ESPALIER h = 2,30 h = 1,60 h = 0,80 | Grimper comme à une échelle : pied gauche à la 1re barre, main droite à la 2e; pied droit à la 2e, main gauche à la 3e, pied gauche à la 2e.<br>Pour franchir, coucher le corps vers la gauche sur le 1er échelon, garder la main gauche sur cet échelon, placer la main droite sur le 2e. Retenu ainsi par les deux mains, par une impulsion du corps faire passer les deux jambes par-dessus la 3e barre, se laisser retomber sur les deux pieds dans le sens de la progression (un quart de tour vers la droite). |

53 *ENTRAINEMENT PHYSIQUE*

| OBSTACLES | TECHNIQUE DU FRANCHISSEMENT |
|---|---|
| <br>POUTRES DESSUS - DESSOUS h = 1,20 h = 0,70 | La 1re et la 3e sont passées dessus, la 2e et la 4e dessous.<br>Pour passer dessus, appliquer les méthodes de franchissement de la barre de 0,80 m.<br>Retomber sur la jambe gauche près de la 2e poutre, engager la jambe droite sous cette poutre.<br>Pour passer dessous, s'allonger sous la poutre, parallèlement à elle.<br>Faute à éviter : piétinements entre 1re et 2e poutres et 3e et 4e. |
| 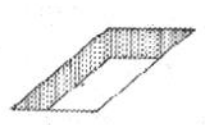<br>FOSSÉ Larg. = 2,30 Prof. = 1,00 | Courir en augmentant progressivement l'allure. Prendre appel le plus près possible de la fosse, *sans piétiner*, en prenant contact avec le sol par le talon gauche (droit). Au moment de l'impulsion, porter les bras violemment vers le haut, grouper les jambes sous le bassin.<br>Garder cette position jusqu'à la chute exécutée sur la jambe droite (gauche) fléchie.<br>Faute à éviter : piétinements, appel pris trop loin. |
| <br>PAS DE GÉANT L = 4,20 h = 0,30 | Arriver sur l'obstacle dans la foulée, attaquer chaque plot par la plante des pieds; poser alternativement les pieds sur les plots en évitant de croiser les jambes.<br>Fautes à éviter : arrêt sur un plot, marche lente... |
| <br>POUTRE D'ÉQUILIBRE L = 5,00 | Se placer dans l'axe de la poutre, marcher sur la poutre en déplaçant alternativement les pieds, pointe tournée vers l'extérieur, la tête et le buste bien d'aplomb, les muscles décontractés. Les bras servent d'équilibreurs. |

*CERTIFICAT INTERARMES* 54

| OBSTACLES | TECHNIQUE DU FRANCHISSEMENT |
|---|---|
| <br>HAIE RIGIDE h = 0,50 | Prendre appui sur la barre en posant une main et la jambe opposée légèrement fléchie, le pied reposant sur le bord interne.<br>Passer la jambe libre sous la jambe fléchie.<br>Prendre contact avec le sol par la jambe libre avec la plante du pied.<br>Éviter de tendre la jambe d'appui. |
| 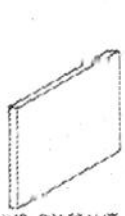<br>MUR D'ASSAUT h = 2,00 | Se placer près du mur et face à celui-ci. Exécuter un bond vertical en prenant appui des deux pieds et accrocher le faîte du mur à l'aide des deux mains.<br>Faire une traction sur les bras et se rétablir alternativement sur les avant-bras en s'aidant des appuis des pointes des pieds contre le mur. Engager une jambe allongée sur le faîte du mur et passer l'autre fléchie dessous.<br>S'accroupir à fond, les deux mains posées de chaque côté des pieds.<br>Incliner le corps en avant et pousser sur les pieds et les mains.<br>Se recevoir sur la plante des deux pieds, genoux écartés, mains au sol pour amortir la chute. |
| <br>BARRE A 0,80 | Partir en petites foulées 3 mètres avant l'obstacle. Dans la foulée, poser le pied avant sur la barre, fléchir la jambe arrière et la faire passer par-dessus la barre, puis poser le pied correspondant au sol et reprendre la course. |
| <br>HAIE MOBILE haie h = 1,00<br>tremplin h = 0,90<br>L = 2,00 | Partir en petites foulées à 4 mètres environ avant la montée du tremplin, accélérer dans la montée.<br>Faire un appel du pied sur le bord du tremplin, lancer l'autre jambe repliée, s'enlever en hauteur.<br>Pendant la chute joindre rapidement les deux jambes.<br>Se recevoir sur la plante des deux pieds joints, genoux écartés, poser les deux mains au sol pour amortir la chute.<br>Se relever et reprendre la course. |

*CERTIFICAT INTERARMES* 56

| OBSTACLES | TECHNIQUE DU FRANCHISSEMENT |
|---|---|
| <br>ÉCHELLE DE CORDE (fixée au sol) h = 3,50 | Déplacer en même temps pieds et mains opposés (pouce en dessous) pour monter ou descendre. Faire corps avec l'obstacle.<br>Pour franchir la base de support de l'échelle, la saisir des deux mains, passer la jambe droite, puis la jambe gauche par-dessus cette barre, se défiler au maximum, redescendre, et à deux mètres du sol, sauter jambes réunies dans le sens de la progression. |
| <br>RAILS VERTICAUX (h = 3,50) | Grimper bras et jambes opposés, les prises des mains et les contacts des pieds se font sur les traverses horizontales.<br>Conserver constamment 3 points d'appui.<br>Le passage de la barre se fait par enjambement avec demi-tour (ou en défilant au maximum), le contact est repris par le pied sur la première traverse. A mi-chemin, exécuter un demi-tour en lâchant le 3e point d'appui (bras) et se laisser choir sans impulsion. |
| <br>FILS A ENJAMBER h = 0,60 | Franchir en faisant de petites foulées (léger appel sur la jambe gauche, corps penché vers l'avant, jambe gauche vers l'extérieur pendant le saut).<br>Fautes à éviter : piétinements, changement de pied, jambe gauche pendante. |
| <br>POUTRES SUCCESSIVES (intervalle 1,40) h = 0,70 h = 1,00 h = 1,20 h = 1,40 | Appliquer la méthode de franchissement de la barre de 0,80 m.<br>Passer la 2e et la 3e poutre dans la foulée.<br>S'accroupir sur la dernière et sauter en souplesse dans le sens de la progression. |

## Abschiedsgeschenk

Als sich meine Zeit in Straßburg dem Ende zu neigte, fragten mich meine Kollegen, was ich mir zum Abschied und zur Erinnerung wünschen würde. Man muss noch dazu sagen, dass ich bei den alten Haudegen sehr beliebt war. Aufgrund meines Alters war ich in Straßburg ungewöhnlich und sie behandelten mich, als ihren Jungen.

Und so bekam ich meinen Wunsch erfüllt: ein silbernes Armband, in das mein Name und Dienstgrad, samt meiner Dienstnummer und Blutgruppe eingraviert war.

Gerne möchte ich an dieser Stelle einige der Offiziere und Unteroffiziere namentlich festhalten, die 1964 in der CRLE Kaserne Guynemer anwesend waren und mir dieses Geschenk machten:

Capitain Quinqulet, Capitain Daumar, Adjutant Bausmerth, Adjutant Dauber, Adjutant Cebulla, Adjutant Vigh, Adjutant Diefenbach, Adjutant Glimberger, Adjutant Winter, Adjutant Woelfle (wir kannten uns aus Algerien), Sergent Major Hannusch, Sergent Major Windegger, Sergent-chef Settinger, Sergent Sachse.

Einige der Namen habe ich nach der langen Zeit vergessen, doch werde ich die Menschen, die mich begleiteten niemals vergessen.

Dieses Silberarmband habe ich zum Abschied Manuela geschenkt und bekam von ihr ein Ronson Gasfeuerzeug und ein Zigarettenetui. Das Feuerzeug wurde mir in einem Straßburger Restaurant vom Tisch gestohlen, das Etui habe ich bis heute.

***

# Brief von meinen Kameraden Dieter und Gerd

Tabelbala, den 27. VIII. 1964

Hallo, alter Knochen!

Da Du ja so riesenfaul bist und nicht schreiebn willst,
müssen wir uns eben bequemen, Dir ein zielstrebendes Vor-
bild zu sein beziehungsweise zu werden.
Ja, Alex, es ist schon ein starkes Stück von Dir, jeden
Tag Strassburger Würstchen zu essen und nicht einmal an
uns zu denken. Oder bist Du unterdessen schon verheira-
tet da oben?
Dieter war ja kürzlich bei Dir in Strassburg und hat be-
richtet, Du sässest mittlerweile im Europarat. Meine
Felicitation!
Ja, am 9. September ist unsere "Mise en Route" von Colomb-
Bechar aus. Also werden wenig später bei Dir in Strassburg
eintrudeln. Wenn Du draufgehauen hast, verstecke Dich lie-
ber, stecke Dir gleich mehrere Pistolen ein, binde Dir
einen grossen Fels an den Hals und springe in den Rhein.
Ansonsten erkundige Dich schon einmal genau, wie der Hase
dort läuft, damit dann alles reibungslos vonstatten geht.
Uns geht es einigermassen gut, wir haben zwar sehr viel ge_
meinsame Freunde hier, aber man kann uns ja nichts wollen.
und so verbleibe ich für heute und lasse Dieter zu Worte
kommen.

Bon, jetzt werde ich mich mal an unseren Fernschreiber
schwingen, um Dir einige Grüsse und Warnungen zu übermitteln !
Gerds Angebot, im Falle eines "rengagement"Deinerseits, sind
noch harmlos, und um Dich erst richtig auf den Geschmack zu
bringen, legen wir Dir ein kleines " Fiche d' execution " bei
Ich kann Dir sagen, dass Gerd und ich schon in richtiger
QUILLE - Stimmung sind. Unsere Hauptbeschäftigungen sind:
Morgens rassemblement, dann eine Runde SKAT oder Schach,
anschliessend Casse - Croute, um dann einen kleinen Ver-
dauungsschlaf zu halten. Nachmittags arbeiten wir schon aus
Princip nichts mehr.

Also Hals-und Beinbruch , lass Dir einen hinterstellen,
und bis bald. Deine Kollegen
Dieter +

*Am 27.08.1964 aus Tabelbala / Afrika abgesendet.*

***

## Danksagung

Mein Dank geht an Ellen Sommer. Durch ihr Interesse konnten meine Erinnerungen veröffentlicht werden.

***